ISBN 978-0-282-60930-6
PIBN 10473867

1 MONTH OF
FREE
READING

at

www.ForgottenBooks.com

By purchasing this book you are eligible for one month membership to ForgottenBooks.com, giving you unlimited access to our entire collection of over 700,000 titles via our web site and mobile apps.

To claim your free month visit:

www.forgottenbooks.com/free473867

English
Français
Deutsche
Italiano
Español
Português

www.forgottenbooks.com

Mythology Photography **Fiction**
Fishing Christianity **Art** Cooking
Essays Buddhism Freemasonry
Medicine **Biology** Music **Ancient**
Egypt Evolution Carpentry Physics
Dance Geology **Mathematics** Fitness
Shakespeare **Folklore** Yoga Marketing
Confidence Immortality Biographies
Poetry **Psychology** Witchcraft
Electronics Chemistry History **Law**
Accounting **Philosophy** Anthropology
Alchemy Drama Quantum Mechanics
Atheism Sexual Health **Ancient History**
Entrepreneurship Languages Sport
Paleontology Needlework Islam
Metaphysics Investment Archaeology
Parenting Statistics Criminology
Motivational

Gedichte

von

Robert Burns.

Uebersetzt

von

Philipp Kaufmann.

Stuttgart und Tübingen.

Verlag der J. G. Cotta'schen Buchhandlung.

1839.

PR
1304
G4 K3

Inhalt.

Vorrede.

Goethe schreibt in seiner Einleitung zu Thomas Carlyles Leben Schillers, an die Gesellschaft für ausländische Literatur in Berlin: „Wie wir den Deutschen zu ihrem Schiller Glück wünschen, so wollen wir in eben diesem Sinne die Schottländer segnen. Haben diese jedoch unserm Freunde so viel Aufmerksamkeit und Theilnahme erwiesen, so wär' es billig, daß wir auf gleiche Weise ihren Burns bei uns einführten. Ein junges Mitglied der hochachtbaren Gesellschaft, der wir gegenwärtiges im Ganzen empfohlen haben, wird Zeit und Mühe höchlich belohnt sehen, wenn er diesen freundlichen Gegendienst einer so verehrungswürdigen Nation zu leisten den Entschluß fassen, und das Geschäft treulich durchführen will. Auch wir rechnen den belobten Robert Burns zu den ersten Dichtergeistern, welche das vergangene Jahrhundert hervorgebracht hat."

Diesem Wunsche war ich zuvorgekommen, und es traf sich zufällig, daß in derselben Versammlung, in der Goethes Schreiben vorgelesen wurde, ich meine

erſten Ueberſetzungen einiger Lieder von Burns mit-
theilte. Sie wurden ſogleich an Goethe geſendet.
Seine Antwort zeigte, wie gütig er dieß aufnahm, und
eine Stelle ſeines Briefes an Carlyle, im Foreign
Quarterly Review abgedruckt, beſtätigte mirs auf das
angenehmſte. Auch Carlyle bezeigte gar freundlich ſeine
Theilnahme. In ſeiner Antwort an die Geſellſchaft
ſagt er: „Daß einer meiner Mitgenoſſen * damit
beſchäftigt iſt, unſern vielgeliebten Burns zu überſetzen,
iſt ein Ereigniß, das kein Britte ohne Intereſſe ver-
nehmen wird. Möge dieſer Naturſänger und Volks-
dichter auch unter Ihnen günſtige Aufnahme finden!
In dieſen ſchottiſchen Waldklängen, könnten ſie in einer
fremden Sprache hervorgerufen werden, liegen Töne
der ewigen Melodien, die um ſo rührender ſind wegen
ihrer Natürlichkeit. Von allen Britten, beſonders von
allen Schotten werden Burns Gedichte geleſen und
wieder geleſen, geſprochen und geſungen von Kindheit
auf. Für die Ueberſetzung liegt eine Hauptſchwierigkeit
in den idiomatiſchen Wendungen, in dem zarten Aus-
druck und in der naiven ländlichen Anmuth des ſchottiſchen Dialekts, die indeſſen vor allen Sprachen die
deutſche darzuſtellen und getreu nachzubilden vermag.
Meine beſten Wünſche begleiten Herrn Kaufmann bei
dieſem ſchwierigen Unternehmen.‟

* Carlyle iſt nämlich auswärtiges Mitglied der erwähnten
Geſellſchaft.

Robert Burns ist am 25. Januar 1759 im Süden von Schottland bei Kyte, unweit Ayr, am Doon, in einer einsamen Hütte geboren. Wenig Tage nachher wurde diese vom Sturm zertrümmert. Man nahm dieß Ereigniß als ein bedeutungsvolles Zeichen, und er selbst leitete oft im Scherz davon seine stürmischen Leidenschaften her. Sein Vater, William Burns, war ein streng religiöser Mann, und seine Mutter Agnes, eine Frau vom tiefem Gefühl, seltenen Anlagen und lebendiger Phantasie, gab ihm die erste Erziehung. Sie hatte einen unerschöpflichen Schatz von alten Balladen, Mährchen und Sagen, durch die sie den Knaben oft beglückte und wohl früh den dichterischen Keim in ihm hegte. Eben so entflammte ihre Hausgenossin Janny Wilson oft mächtig seine Einbildungskraft durch ihre Heren, Feen und Gespenster, durch ihre Zauberer, Elfen und Erscheinungen, durch ihre Riesen und Zwerge, durch ihre verzauberten Thürme, Drachen und Kobolde. Nie schwand ihm dieser frühe Eindruck, selbst im spätern Alter flößten unheimliche, verrufene Orte ihm Grauen ein. Eben so mächtig wirkte Schottlands großartige Natur, das tiefe, schlichte, stolze Gefühl seiner Bewohner, ihre Vaterlandsliebe, ihre Begeisterung für die kühnen Thaten der Vorfahren, ihr patriarchalisch poetisches Leben, ihr kräftiger Natursinn, ihre lebendige Phantasie, die ihre hohen, schneeumglänzten Bergeshäupter, ihre nebelumhüllten, tiefen grünen Thäler und felsigten Schluchten, ihre düster schweigenden Seen und des Meeres unwirthliche Küsten

mit Feen und Elfen bevölkert; ihr Volksglauben, ihre
Wahrsagereien, prophetischen Träume und Vorzeichen
aller Art; endlich jene nächtlichen Feste, ihre Walpurgis-
nacht, ihre Allerheiligennacht, mit mannichfachen Gebräu-
chen begangen. Dazu das musikalische Gefühl des Volkes,
stets wachgehalten durch originelle Nationaltänze und
liebliche Volkslieder, die bald in rührender Einfachheit
die Liebe singen, bald die romantischen Abentheuer und
aufopfernden Großthaten kühner Ahnen. Schon den
Knaben begeisterten die Helden seines Vaterlandes. Die
Namen Robert Bruce und William Wallace waren früh
seine Lieblinge. Seine ersten Bücher waren die Bibel,
Homer in Popes Uebersetzung und einige Stücke von
Shakespeare. Nur sparsame Mußestunden waren ihm
dazu zwischen harten Feldarbeiten gegönnt. Noch war
er nicht sechszehn Jahr alt, als ihn die Liebe zum Dichter machte. Ein schönes Kind mit einer süßen Stimme
sang eines Tags das Lied eines jungen Lords. Robert
sah nicht ein, warum er nicht eben so gut sollte reimen
können als ein Andrer. Er versucht's und es gelingt.
Er sagt: „Es kam mir nicht in den Sinn, Dichter zu
werden, bis ich einmal herzlich verliebt war; da wurde
Reim und Gesang die unwillkührliche Sprache meines
Herzens." Bald erregte die Liebe zum Vaterland, ja zu
seiner Gegend, in ihm den Wunsch, sie im Liede zu ver-
herrlichen. Er sagt: „Es kränkt mich, wenn ich sehe,
daß andere Städte, Ströme, Wälder von Schottland
unsterblich leben im Liede, während mein geliebtes Thal,
der alte Carrikstrand, Kyle und Cuningham, so berühmt

durch große Männer und kühne Thaten, die Zeugen so
manches ruhmreichen Abentheuers des alten Wallace, nie
einen Dichter gefunden, der die schönen Ufer des Irvine,
die romantischen Wälder und Schluchten des Ayr, die
hoher Berghaide entstürzenden Quellen des Doon, neben
den gefeierten Tay, Forth, Etrik und Tweed gestellt.
O, könnt' ich ihm diesen Dienst leisten!" — Tief rührten
sein Herz die alten schlichten Lieder, wie sie im Gesange
des schottischen Volks leben. Er sagt: „Es ist eine hohe
Einfalt, eine edle Erhabenheit und gar holde Zärtlichkeit
in vielen unserer alten Balladen und Lieder, und oft hat
es mich geschmerzt, wenn ich dachte, daß so ruhmreiche
alte Barden, die mit so echtem herrlichen Beruf, in so
feinen, der Natur abgelauschten Zügen die Thaten ihrer
Helden sangen und das Hinschmelzen der Liebe, — tief
geschmerzt hat es mich oft, daß selbst ihre Namen vergessen sind. O ihr ruhmvollen, unbekannten Namen!
Die ihr so tief empfunden, und so warm gesungen,
der Letzte, der Geringste im Gefolge der Musen, der tief
unter eurem Flug, doch euer Ziel im Auge, mit zittern-
den Schwingen euch nachstrebt, ein armer ländlicher
Barde weiht hier dieß herzliche Mitgefühl eurem Ge-
dächtniß. Einige von euch sagen uns, in allem Zauber
des Liedes, daß ihr unglücklich wart in der Welt,
unglücklich 'in der Liebe! Auch er hat den Verlust
seiner Habe, der liebsten Freunde, und, was schlim-
mer als Alles, den Verlust des Weibes seines Herzens empfunden. Wie euch, war ihm sein Trost
seine Muse. Sie lehrt ihn klagen in schlichten

Tönen. O hätt' er es vermocht in eurer Kraft und Fülle!"

Bald machte seine Belesenheit, sein Scharfsinn, sein kecker Humor und seine Lieder ihn zum willkommnen Gast aller Nachbarn. Noch mehr erhielt alles dieß Nahrung, als er im neunzehnten Jahre die Schule von Kirtonwald besuchte, um die Feldmeßkunst zu erlernen. In seinem drei und zwanzigsten Jahre schickte ihn sein Vater, dessen Pachtgut so unergiebig war, daß er statt Getreide Flachs bauen mußte, zu einem Flachsbereiter in die Lehre. Robert schreibt, indem er sein hartes Loos beklagt, das ihm bei der schwersten Arbeit Noth und Mangel auferlege, er sehe voraus, daß Armuth, die Halbschwester des Todes und der Höllenqual, seiner warte: — ein schlimmes Vorzeichen! Gleich darauf brannte seine Hütte ab, und nicht lange nachher starb sein Vater.

Robert pachtete nun Moßgiel bei Mauchline, wo er vier Jahre mit allen Schwierigkeiten eines schlechten Bodens kämpfte, und durch Mißwachs alle Hoffnungen scheitern sah. Dessen unerachtet war diese Zeit die bedeutendste seines Lebens. Sein Genius entfaltete hier seine Schwingen, sein Adlerauge sieht durch Nebel und Finsterniß die richtigen Verhältnisse der Welt und des Menschenlebens. Sein Ruhm ward hier begründet. Manch romantisches Abentheuer gab zu Liedern Stoff und Anregung. Ein gar zartes Herzensverhältniß verdient besondere Erwähnung. Mary Campbell, ein holdes Kind von Androssan, war ihm innig ergeben;

die Liebenden verlobten sich feierlich. Sie standen an beiden Ufern eines Bächleins, tauchten ihre Hände hinein, und leisteten auf die emporgehaltene Bibel sich den Schwur. Bald darauf entriß der Tod ihm die geliebte Braut. Das schöne Gedicht „Hochland-Mary" zeigt, wie tief ihre Liebe war. Ein späteres Verhältniß mit Johannie Armour hatte die ernstesten Folgen für sein Leben. Schon hatten sie sich mehrere Jahre geliebt, jedoch, da ihr strenger Vater den Dichter haßte, sich nur verstohlen sehen können. Es blieb ihm kein anderes Mittel, als eine heimliche Ehe, durch schriftlichen Vertrag vor Notar und Zeugen, wie sie nach schottischen Gesetzen zulässig ist. Ihr Vater entdeckte dieß, warf den Ehevertrag ins Feuer, und befahl ihr, sich nicht länger als Roberts Frau zu betrachten. Johanna zitterte, gehorchte, und ließ sich durch den blinden Haß des Vaters leiten. Sie ward Mutter von Zwillingen. Schmerz über die Trennung brachte Burns an den Rand des Verderbens; er beschloß das Land zu verlassen. Jamaica war sein Ziel. Um das Reisegeld zu gewinnen, gab er im Juli 1786 seine ersten Gedichte heraus. Mehr als er hoffte, ward ihm zu Theil. Der Ruhm des Barden von Mauchline füllte das ganze Land. Dennoch war er, als die zwanzig Pfund Sterling, die ihm die Herausgabe eingebracht, schwanden, um der Noth, die ihm drohte, zu entgehen, im Begriff, sich nach Jamaica einzuschiffen, als ein Brief des Doctor Blacklock ihn nach Edinburg rief, um eine neue Auflage

seiner Gedichte zu veranstalten. Die Höchsten und
Vornehmsten wetteiferten, dem vaterländischen Sänger
Auszeichnung zu erweisen. Der kräftige, sonneverbrannte Natursohn, mit seinen großen, glänzenden
Augen, hatte Mühe, seinen feurigen Geist, im Wortgefecht mit seinen ländlichen Genossen zu siegen gewohnt, in der feinern Gesellschaft zu zügeln. Indeß
erschien er mit vollkommener Ruhe und ohne Anmaßung. Sein lebendiger, origineller Sinn, die Schärfe
seines Urtheils, die Wärme seines Herzens, das Feuer
seiner Phantasie, die feine Wahl und das Bezeichnende
seines Ausdrucks setzten Alles in Erstaunen. Wenn
Rang und Reichthum auf ihn durchaus keinen Eindruck
machten, so war er in Gesellschaft der Schönheit und
Anmuth ganz Beredsamkeit, Witz und Laune. Seine
Mienen änderten sich, sein Auge ward milder, was
irgend von Widerspruchsgeist in ihm war, verschwand.
Durch Schönheit bezaubert, bezauberte er die Schönheit wieder. In großen Cirkeln bildete des Nordens
Blüthe einen Kreis um ihn, und wenn die Federn von
Herzoginnen und Gräfinnen seine Stirn umwehten,
war er ganz Feinheit und Aufmerksamkeit. Die Herzogin von Gordon, damals an der Spitze der feinen
Welt von Edinburg, berühmt durch Geist, Witz und
Geschmack für Musik und Poesie, lud ihn besonders
zu allen ihren Festen. Sie sagte von ihm: „Burns
habe in seinem Gespräch mit Frauen etwas höchst
Verbindliches, durch Poesie und feinen Humor wisse
er beständig das Interesse auf das lebhafteste zu

unterhalten, sie habe nie einen Mann gesprochen, dessen Worte sie so emporgehoben." Daß der gegen Männer so stolze, unbeugsame Dichter sich gegen Frauen so sanft und ergeben zeigte, blieb weder unbemerkt, noch unbelohnt, und selbst als sein Stern sich neigte, ließen die Frauen in ihrer Bewunderung und Anhänglichkeit nicht nach. Dugald Steward sagt von ihm: „Die Aufmerksamkeiten die man ihm erwies, hätten jeden andern eitel gemacht. Er behielt dieselbe Einfalt der Sitten und des Wesens, die, als ich ihn zuerst auf dem Lande sah, einen so tiefen Eindruck auf mich machte. Er blieb einfach, männlich, unabhängig."

Der Geschichtschreiber Robertson sagt: „Robert Burns war einer der außerordentlichsten Menschen, die ich je gesehen. Seine Poesie setzte in Erstaunen, mehr noch seine Prosa, und mehr als beides sein Gespräch." Auf seinen Reisen nach den schönsten Gegenden und durch Geschichte- und Sagen berühmtesten Punkten Schottlands wurde er überall mit Auszeichnung empfangen. Als er das Grab des Robert Bruce besuchte, ward er von einer neunundneunzig Jahr alten Nachkömmlingin des alten Helden mit dessen Schwert zum Ritter geschlagen und auf das freundlichste bewirthet. Die Begeisterung, die der classische Boden in ihm anfachte, fühlt man seinen Liedern an. Johnson gab damals das Museum für schottische Nationalgesänge heraus; Burns schrieb dazu die Vorrede und viele Lieder, meist von hohem Werth, zum Theil auf alte Volksmelodien gedichtet, zum Theil aus alten Bruchstücken

ergänzt. Auch Thomson gab er ansehnliche Beiträge
zu dessen Sammlung. Seine Lieder hauptsächlich be-
gründen seinen Dichterruhm; sie sind nicht erdacht,
sondern eingegeben, nicht gesagt, sondern gesungen;
sein Mund strömt über von dem, wessen sein Herz
voll ist; sie sind alle hervorgerufen durch die Gelegen-
heit, alle empfangen in tiefer Seele und darum wahr,
echt und rein, klar, schlicht und natürlich, warm, liebe-
strömend, wahrhaft begeistert. Es ist der reinste Jubel in seiner Freude, die tiefste Klage in seinem Leid,
er lacht mit der lautesten Lust, und brennt mit dem
glühendsten Zorn. Seine Rede ist immer Gesang;
hinter dem Pflug, in der Scheune, auf Gängen und
Ritten summt er seine kühnen Phantasieen, singt alte
Volksmelodien, und unwillkührlich entfließen ihm dazu
die Worte. Durch Musik erzeugt, sind sie selbst Musik.
In allen Herzen hallen sie wieder, kein Britte, der sie
nicht kennt; durch alle Welttheile begleiten sie ihn,
und führen seine Seele in die Heimath. Seit Shak-
speare hat keiner ihrer Dichter so ergriffen, als dieser
einfache Landmann. Das Gefühl eines höhern Berufs
füllt ihn mit edlem Stolz, seine liebende Seele ver-
schmilzt mit der Natur; gleich empfänglich für ihr
stilles Wirken, als für ihre gewaltigen Erscheinungen,
sieht er im leisesten Hauch, wie im lautesten Sturm,
Schönheit und Leben; des Herbstes feuchte Nebel, des
kalten Winterwindes Wehen durch den laublosen Wald
ergötzen ihn; mit Lust schaut er das dunkle Gewölk,
zuckende Blitze; die Stimme des Donners ist ein Psalm

seinem Ohr, des sturmgebeugten Waldes Sausen er=
hebt seine Seele zu ihm, der da wandelt auf den
Schwingen des Windes. Eine Seele wie eine Aeols=
harfe, sie darf nur berührt werden, und ihr Klang ist
Musik! Das einsame späte Bergmaßliebchen fällt nicht
unbemerkt unter seinem Pflug, so wenig als das wohl=
versorgte Nest der furchtsamen Feldmaus. Der Bauer,
sein Freund, sein nußbraunes Mädchen sind nicht länger
gering und dörfisch, Held vielmehr und Königin. Er
rühmt sie gleich würdig des Höchsten auf der Erde.
Jedes Menschengesicht gewinnt leicht sein Herz. Die
einfachen Gefühle, der Werth, der Edelsinn, welche
unter dem Strohdache wohnen, sind ihm lieb und ehr=
würdig. Und so über die niedrigsten Regionen des
menschlichen Daseyns ergießt er die Glorie seines
eigenen Gemüths, und sie steigen durch Schatten
und Licht gesänftigt und verherrlicht zu einer Schön=
heit, welche die Menschen sonst kaum in dem Höch=
sten erblicken.

Hat er auch ein Selbstbewußtseyn, das oft in
Stolz ausartet, so ist es ein edler Stolz, um abzu=
wehren, nicht um anzugreifen; kein kaltes mißtrauisches
Gefühl, ein freies und geselliges. Dieser poetische
Landmann beträgt sich, möchten wir sagen, wie ein
König in der Verbannung; er ist unter die Niedrigsten
gedrängt und fühlt sich gleich den Höchsten. Es ist rüh=
rend zu sehen, wie in den düstersten Zuständen dieses
stolze Wesen in der Freundschaft Hülfe sucht, und oft
seinen Busen dem Unwürdigen aufschließt.

Im Jahr 1788 heirathete er Johanna Armour und bezog die Pachtung Ellisland, zu der ihn die schöne Lage reizte, die ihn die Unfruchtbarkeit des Bodens und alle Schwierigkeiten übersehen ließ. Seine Bemühungen hatten nicht den gehofften Erfolg und seine anwachsende Familie zwang ihn, ein untergeordnetes Amt beim Zollwesen anzunehmen. Hier zogen ihm freie Aeußerungen die harte Rüge seiner Vorgesetzten zu, „er wäre zum Handeln da, nicht zum Denken." In dieser Stellung, seiner völlig unwürdig, gedemüthigt, sogar, als Krankheit ihn in seinen Pflichten hemmte, des kleinen Gehaltes beraubt, endlich durch den Tod seiner Lieblingstochter auf das schmerzlichste erschüttert, faßte tiefe Schwermuth seine Seele; seine letzten Tage wurden noch durch Furcht vor dem Schuldthurm getrübt. Er starb am 21. Juli 1796 37 Jahr alt. Im Jahr 1815 setzte man ihm ein Denkmal auf sein Grab und wählte zur Inschrift seine Worte: „Der Genius der Dichtkunst meines Landes fand mich, wie einst der prophetische Barde Elias den Elisa, beim Pflug und warf seinen begeisternden Mantel über mich."

Des Dichters Grabschrift.

Ist wo ein Thor, der Grillen weicht,
Zu heiß für Zucht, für Ernst zu leicht,
Zu scheu zum Flehn, sich stolz nicht beugt,
    Der wende her
Auf dieses Grab sein Auge feucht
    Und thränenschwer.

Ist wo ein Bard von schlichtem Lied,
Der spurlos durch die Menge zieht,
Die hier nach diesem Ruhplatz flieht:
    Geh nicht vorbei,
Wenn brüderlich die Brust dir glüht,
    Wein' hier sie frei.

Ist wo ein Mann, den Klugheit ziert,
Der Andere zum Guten führt,
Doch selber thörigt schweift und irrt
    Vom Rechten ab,
Der blicke, tief von Schmerz gerührt,
    Auf dieses Grab.

Der Arme, der hier unten ruht,
War reich an Geist, von Herzen gut,
Und fühlte heiß der Freundschaft Glut,
    Und sanftres Glühn,
Doch Thorheit und zu rascher Muth
    Befleckten ihn.

Drum wisse, Leser, ob dein Geist
Im höchsten Flug das All umkreist,
Ob trüb im Boden Furchen reißt
    Nach armem Fund,
Die kluge Selbstbeherrschung heißt
    Der Weisheit Grund.

Auf ein Bergmaßlieb, das er umgepflügt hatte.

Hold Blümlein mit dem Purpurmund,
Du sahst mich hier zur schlimmen Stund,
Mein Pflug brach dein zart Herz im Grund,
    Gab dir den Tod.
Ich kann nicht heilen deine Wund,
    Du süß Kleinod.

Weh! nicht die Lerche, dir geneigt
Freundnachbarlich, gelind und leicht
In Gras und Thau dich niederbeugt
    Mit fleck'ger Brust,
Wenn sie ins Frühroth grüßend steigt
    In Sanges Lust.

Kalt blies der Wind auf ödem Plan
Dein frühes zartes Leben an;
Doch freudig blühtest du heran,
    Trotz Sturm und Wind,
Der Mutterbrust dich schmiegend an,
    Ein holdes Kind.

Des Gartens stolzen Blumen hält
Man Mau'r und Zaun zum Schutz bestellt,
Doch dich schützt, wie der Zufall fällt,
    Scholl oder Stein;
Du zierst das öde Stoppelfeld,
    Geheim, allein.

Im knappen Mantel zierdelos,
Die schnee'ge Brust der Sonne bloß,
Hebst du dein Köpfchen anspruchlos
    Dem Himmel zu.
Da faßt mein Pflug dein Bett von Moos,
    Und tief liegst du.

Das ist das Loos der schlichten Maid,
Süß Blümlein stiller Ländlichkeit,
Ihr arglos Herz sie liebend beut
    Der List zum Raub.
Bis sie, wie du, bedeckt von Leid,
    Tief sinkt in Staub.

Dies ist des schlichten Sängers Loos,
Im Sturm des Lebens steuerlos,
Ohn Kund, dem Wind und Wetter bloß,
    Ohn Hülf und Stab,
Bis wilde Flut in ihren Schooß
    Ihn schlingt hinab.

Dies Loos bescheidnem Werthe droht,
Der lang gekämpft mit Leid und Noth,
Den Menschenlist und Machtgebot
    Ins Elend bringt,
Bis ihm kein Trost bleibt, als der Tod,
    Und hin er sinkt.

Selbst du, der klagt des Blümleins Loos,
Sein Loos ist deins im Schicksalsschooß;
Des Unglücks Pflugschaar dringt schon los
    Auf deine Kraft,
Bis unter Furchen tief sein Stoß
    Dich hingerafft.

Mein Herz ist im Hochland,
Mein Herz ist nicht hier,
Mein Herz ist im Hochland,
Mein Hochland bei dir;
Auf der Jagd nach dem Hirsch,
Auf der Jagd nach dem Reh,
Mein Herz ist im Hochland,
Wohin ich auch geh.

Fahr wohl, du mein Hochland,
Fahr wohl, du mein Nord,
Du Heimath des Muthes,
Der Tapferkeit Hort.
Wohin ich auch wandre,
Wohin, allerwärts
In den Bergen des Hochlands
Bleibt ewig mein Herz.

Fahrt wohl, ihr Gebirge,
Hochglänzender Schnee,
Fahrt wohl, grüne Thäler,
Am bläulichen See,
Fahrt wohl, dunkle Wälder,
Wildhängende Huth,
Ihr stürzenden Bäche,
Lautbrausende Flut!

Mein Herz ist im Hochland,
Mein Herz ist nicht hier,
Mein Herz ist im Hochland,
Mein Hochland bei dir;
Auf der Jagd nach dem Hirsch,
Auf der Jagd nach dem Reh,
Mein Herz ist im Hochland,
Wohin ich auch geh.

Sonett,

geschrieben am 25. Januar 1793, dem Geburtstage des Dichters, als er auf seinem einsamen Morgengang eine Droffel fingen hörte.

Sing, süße Droffel, auf entlaubtem Zweig,
Süß Vöglein, fing, ich lausche deinem Lied.
Der greise Winter glatt die Runzeln zieht,
Den Narren selbst macht dein süß Liedchen weich:

So einsam in der Armuth ruht
Zufriedenheit mit frohem leichten Sinn,
Begrüßt die rasche Zeit und heißt sie fliehn,
Und fragt nicht, was sie bringt, ob Schlimm, ob Gut.

Dir, Herr, sey Dank für diesen neuen Tag!
Deß Sonne glüht im hehren Morgengold,
Der mir statt Goldes reinre Luft gezollt,
Die Gold nie gibt, zu nehmen nie vermag.

Komm, Kind der Noth und Sorge du, was mir
Des Himmels Huld verlieh, theil ich mit dir.

Mein Herr, wie's eure Ordre ist,
Send hier ich meine treue List
Von Hab und Gut, wie ich sie dann
Mit gutem Muth beschwören kann.

Inprimis Zugvieh hab ich vier
So stolze muntre, wackre Thier,
Als je sie zogen einen Pflug.
Das links die Vorhand hat im Zug,
Ist jetzund alt und voller Tugend,
Und war ein Wildfang in der Jugend.
Das hintre links ein Rössel fein,
Das oft mich trug von Kill herein,
Und oft von eurer alten Stadt,
Eh Reiten galt für Hochverrath.
Einstmals in meinem Freierstolz
Ritt ich drauf los wie 'n Block von Holz:
Mein Füllen da so zu ich richt't,
Daß es den Teufels=Spat mir kriegt.
Mein rechtes Hinterpferd hält Stand,
Wie eins an Riem und Strang gespannt.
Das viert' ein Hochland=Donald=Renner;
Es gaffte ganz Killburnie, wenn er
All ihren Rennern wie 'ne Lanz
Vorherschoß, wie dem eignen Schwanz.
Wenn auf er wächst und bleibt gesund,
So zieht er mindstens — funfzehn Pfund.

Drei Karrn hab ich, davon sind zwei
So ganz noch fast wie nagelneu,

Auch einen Schiebkarrn, ein alt Pfand, —
Ein Arm kam und ein Bein abhand;
Vom Reif macht' ich 'ne Feuerstang,
Das Rad verbrannt' meine Mutter lang.

An Männern hab' drei Blitzgesellen,
Drei Bursch' ich, die den Teufel prellen.
Peitsch' und Dreschflegel führen beid',
Klein Davok treibt das Vieh zur Weid'.
Ich halte sie in Zucht und Sitt',
Nehm sie zu Zeiten tüchtig mit,
Und Sonntag Abends sollt ihr sehn,
Wie sie im Fragbuch' Red' mir stehn,
Bis endlich Davok, mir der klein',
Er ist nicht höher als mein Bein,
Die Hauptstück' abspinnt von der Spuhl,
So schnell als Einer in der Schul'.

Magd hab ich keine zur Belugung, —
Der Herr bewahr' mich vor Versuchung!
Hab auch kein Weib — und drum nicht Groll,
Und Jungfern zahlen keinen Zoll!
Und bringt kein Schwarzrock ihn in Wuth,
Ich weiß, der Teufel mir nichts thut.

Mit Bälgen bin ich ganz zufrieden,
Da ist mir Eins zu viel beschieden,
Mein Bessy, hell blickt mir sein Blick,
Und was ihr wollt, hat's — nur kein Glück.
Mein Schätzchen noch bezahlen — wie?
Ich hab' genug bezahlt für die,
Wollt sammt der Mutter ihr's verzollt,
Ihr alle Beide haben sollt.

Merkt Master Aiken euch, Herr Zöller,
Ich kann euch zahlen keinen Heller.
Durch Schmutz und Lehm und Koth ich wattel,
Eh' ich so viel zahl' für 'nen Sattel.
Ich geh' zu Fuß — bin ja nicht krank,
Hab' kräft'ge Ständer, Gott sey Dank.
Drum laßt mich nur aus eurem Buch,
Und mir mein Geld, ihr habt genug.
Die List schrieb ich mit eigner Hand,
Und unterschreibe sie am Rand.

Wem's Noth zu wissen, hieraus lern's,
Subscripsi huic Robert Burns.

Was pocht mein Herz so sehr?
Was will im Aug' die Thrän'?
Was werd' ich immer todtenbleich,
Seh' ich dich von mir gehn?
Ach, bin ich fern von dir,
Wirst du nur lieber mir,
Wo du auch weilst, wohin auch eilst,
Stets ist mein Herz bei dir.

Sitz' ich und wein' im Moos
Unter der Weide hier,
Und fällt ein Blatt mir in den Schooß,
Nenn' ich's ein Wort von dir.
Oft ich zur Laube geh',
Wo du bandst Rosen ein,
Wo ich in mein Erröthen dir
Barg einst die Liebe mein.

Suche jed' Plätzchen auf,
Wo ich einst war mit dir;
Da flüstern zu manch süßes Wort
Quellen und Bäume mir.
Hoffnung nur stillt mein Weh,
So lang' du fern von mir;
Und wenn ich denk', daß ich dich seh',
Denk' ich, ich sey bei dir.

Ihr Ufer grün am holden Doon,
Wie könnt ihr blüh'n so frisch und schön?
Wie könnt ihr singen, ihr Vögel, nun?
Ich möcht' vor Gram und Leid vergeh'n.
Du brichst mein Herz, du banger Schmerz,
Du Vöglein in dem Blüthenschnee,
Rufst mir zurück verlornes Glück,
Das, ach! ich nimmer wiederseh'.

Oft ging ich an dem holden Doon,
Wo Ros' und Epheu sich umschlang,
Wo Vöglein Liebe singend ruh'n,
Und wonnevoll ich meine sang.
Und fröhlich brach ich eine Ros',
Des Dornes duftig holde Zier;
Die stahl mein Falschlieb mir vom Schoos,
Und, ach! die Dornen ließ er mir.

Die Stunde schlägt, schon naht das Boot!
Du gehst, du mein geliebtes Herz?
Getrennt von dir, o bittrer Tod!
Das Schicksal will's, o herber Schmerz!
Die Wogen brüllen dumpf und hohl,
Es grüßt mein Herz das ferne Land;
Hier sagt' ich ihr mein letzt Leb'wohl,
Und dort ihr Segel mir entschwand.

Hier an des Strandes ödem Raum,
Wo Möven schreien aufgescheucht,
Durch wilder Brandung Wellenschaum
Nach Westen blickt mein Auge feucht.
O du beglückter Inderhain,
Wo nun mein Nancy weilt; o sprich,
Wenn deinen Duft sie athmet ein,
O sag' mir, denkt sie wohl an mich?

Weh ist mein Herz und im Auge die Thrän',
Lang', lang' hab' ich keine Freude geseh'n;
Verlassen und einsam trag' ich meinen Schmerz,
Und die Stimme des Mitleids kühlt nimmer mein Herz!

O wenn ich wär', wo das Glück mir einst schien, —
Drunten am Strom, an dem Schloß dort so grün,
Denn dort mein gedenkend wird wandeln und geh'n,
Der gar bald mir im Auge getrocknet die Thrän'.

Lieb', du hast Freud'; und tief hab' ich geliebt,
Lieb', du hast Leid; und tief war ich betrübt.
Doch dies wunde Herz, das so blutet mir nun,
O es sagt mir sein Pochen, bald, bald wird es ruh'n!

4 ₊ 2 .

O wär' mein Lieb' jen' Röslein roth
Dort an dem alten Burgverließ;
Und o wär' ich ein Tröpflein Thau,
Und fiel' ihm in die Brust so süß!

O Wonnemeer, in dem ich schwelg'!
An seinem Reiz ich selig hing,
Die ganze Nacht in seinem Kelch,
Bis ich im Morgenstrahl verging.

Des Winters West, ringsher durchnäßt
Mit Regen Thal und Höh',
Des Winters Nord braust stürmend fort,
Und Hagel glänzt und Schnee.
Trüb' ist und braun der Bach zu schau'n,
Der stürzt durch Feld und Hag,
Das Vöglein fest sich duckt im Nest,
Und herzlos ist der Tag.

Der Sturm umher, die Wolken schwer,
Die öde Winternacht
Sey andern trüb', — mir ist sie lieb,
Mehr als des Maitags Pracht;
Des Wind's Gebraus, es löscht mir aus
Den Gram, es wiegt ihn ein, —
Entlaubter Zweig, zu mir dich neig'!
Dein Schicksal ist ja mein.

Du höchster Hort, deß Allmachtwort
Auf mich dies Leid verhängt,
Ich baue fest, es ist das Best',
Weil du es so gelenkt.
Nur Eins thut Noth, ich fleh', o Gott,
Dies Eine mir gewähr',
Entzieht jed' Glück mir dein Geschick,
Mich's auch entbehren lehr'.

Kalt entfloh der Winterwind,
Und der West weht sanft und lind,
Dort, wo Stanleys Birken sind,
   Die Drossel in den Zweigen o!

Süße Frühlingsglöckchen blau,
Auf Glennisters Au' im Thau,
Blühend wie mein Lieb, o schau!
   Mein Liebchen ohne gleichen o!

Komm, mein Kind, du süße Maid!
Auf Glenkissoks sonn'ger Haid'
Leben wir in Lust und Freud',
   Die nimmer wird erbleichen o!

Schwebend auf dem Newtonwald,
Lerchenlied in Lüften schallt,
Silberweid' am Bächlein kalt,
   Knöspchen an den Zweigen o!

———————

.

Hoch vom Felsenbett der Fee'n
Farrenfedern stattlich weh'n,
Und das Bächlein murmelt schön,
    Wenn sie sich hold ihm neigen o!

Bäume blüht und Vöglein singt,
Grün aus Knosp' und Wiese dringt,
Freuden ach! ihr mir nicht bringt,
    Könnt ihr nicht sie mir zeigen o!

Nun tragen die Fluren ihr festliches Kleid,
Es hüpfen die Lämmer auf blumiger Haid',
Die Vögelein singen in Jubel und Freud', —
Mir machen sie Schmerzen, mein Nancy ist weit!

Schneeglöckchen und Primeln erblüh'n auf der Au,
Und Veilchen, gebadet im perlenden Thau;
Je lieber die Blümlein, je herber mein Leid,
Muß Nancys gedenken — und Nancy ist weit!

Der Laubfrosch, er hüpft aus dem Schilfe hervor,
Den Schäfer zu warnen vor Sümpfen und Moor
Du einsamer Kibitz, der klaget und schreit,
O schweig aus Erbarmen, mein Nancy ist weit!

Komm, sinniger Herbst, grau und gelb auf die Flur,
Und heile mein Herz durch den Tod der Natur;
Der Winter so trübe, der stürmet und schneit,
Nur er kann mich freuen, seit Nancy so weit.

Wenn über'n Berg der Abendstern
Uns zuruft, legt euch nieder o!
Und mein Gespann vom Felde fern
Ermüdet kehret wieder o!
Am Bach dort, wo der Birkenzweig
Thauperlen streut hernieder o!
Seh' ich an seinem Rande
Dich mein Herzliebchen wieder o!

Und Gruft und Schlucht um Mitternacht
Durchzög' ich ohne Zagen o!
Wenn mir am Ziel dein Auge lacht,
Mit freudigem Behagen o!
Und wär die Nacht auch noch so wild,
Könnt' mich mein Fuß kaum tragen o!
Es müßte, stünd' am Quell dein Bild,
Mein Herz an deinem schlagen o!

Fern, ach, mein Lieb, von dir so weit,
Fern, fern von dir und jeder Freud',
Fern, fern von dir, mein bittres Leid
Am tiefsten ich bewein', Lieb.
   O wärst du, Lieb, nur nah mir,
   Nur nah, nah, nah mir,
   Wie anders wäre da mir,
   Du stimmtest seufzend ein.

Rings um mich her im Winterwind,
Wo Keim und Knosp' erfroren sind,
Nicht Obdach, Heimath, Haus ich find',
Als in den Armen dein, Lieb.
   O wärst du, Lieb, nur nah mir,
   Nur nah, nah, nah mir,
   Wie anders wäre da mir,
   Du stimmtest seufzend ein.

Des Freundes Abfalls hartes Loos,
Vergiftend noch des Schicksals Stoß,
O brich nicht, Herz du, tadellos,
Sag' ich, dies Loos war mein, Lieb.
   O wärst du, Lieb, nur nah mir,
   Nur nah, nah, nah mir,
   Wie anders wäre da mir,
   Du stimmtest seufzend ein.

Wie träg die Stunden auch vergehn,
Laß hoffen einst ein Wiedersehn,
Mein einz'ger Trost ist's, laß mir den,
O laß mir seinen Schein, Lieb!
 O wärst du, Lieb, nur nah mir,
 Nur nah, nah, nah mir,
 Wie anders wäre da mir,
 Du stimmtest seufzend ein.

Der Winterwind entflieht,
Und die Sommersonne glüht,
Und die Vöglein singen
Gar lieblich und süß.
Und alles jauchzt in Freud',
Ich trag allein mein Leid,
Seit mein Lieb mir so fern,
Mein süß Lieb mich verließ.

Die Rosen blüh'n im Thal
Dort am kühlen Wasserfall,
Und die Bienlein summen
Auf duftiger Wies',
Und in dem Nestchen klein
Die süß Liebchen seyn; —
Doch mein Lieb ist mir fern,
Mein süß Lieb mich verließ.

Anna, dein Reiz die Brust durchglüht,
Und Gram ins Herz mir gießt,
Ach, was noch mit Bewundrung sieht,
Weß Loos Verzweiflung ist!

Doch wenn du, Engel, nah mir bist,
Verzeihlich ist's zu hoffen,
Denn gottlos die Verzweiflung ist,
Sieht man den Himmel offen.

Cupido schleicht sich ein,
Wo er nicht ein kann geh'n,
Cupido schleicht sich ein,
Wo Klugheit sonst zu seh'n.
Ich will nun an den Strand,
Wo holde Blümlein steh'n,
Dann pflück' ich einen Strauß mir,
Einen Maien für mein Kind.

Schneeglöckchen pflück' ich mir,
Weil sie die ersten sind,
Maaßliebchen dann, weil sie
Ein Bild von meinem Kind,
Wenn's unmaß lieblich neigt sein Haupt
Mir zu im Morgenwind;
Die pflück' ich mir zum Sträußchen,
Zum Maien für mein Kind.

Die Rose, erst erblüht
In stiller Morgenstund',
Sie duftet wie ein Kuß
Von ihrem süßen Mund';
Und Hyazinthen wie ihr Aug',
Vom lieben treuen Blau,
Die wind' ich mir zum Sträußchen
Zum Maien für mein Kind.

Die Lilie, sie ist schön,
Die Lilie, sie ist rein,
An ihrem süßen Herzen,
Da muß die Lilie seyn.
Und Veilchen ihrer schlichten Art,
So fern von eitlem Schein,
Draus wind' ich mir ein Sträußchen
Zum Maien für mein Kind.

Und Hag'dorn wind' ich ein
Mit Locken silbergrau,
Der, wie ein alter Mann,
Dasteht im Morgenthau.
Doch in dem Busch das Sängernest,
Nein, das nehm' ich nicht weg.
Und alles das zum Sträußchen
Zum Maien für mein Kind.

Im Sommer, wenn das Heu man mäht,
Und grün das Korn wogt auf dem Feld,
Der Klee mit Blumen weiß besät,
Mit Rosen roth das Laubgezelt,
Jung Buschie in der Senne spricht:
„Heirathen will ich, geh's, wie's will!"
Die Alte spricht: bei Leibe nicht!
Hör' guten Rath an, halt' fein still.

Du hast ja Freier doch genug,
Bist ja noch jung, hast ja die Wahl!
Drum wart's hübsch ab und wähle klug.
Ist voll die Scheun', ist voll der Saal!
Da ist der Hans von Buskilhal,"
Bei dem ist Kiste voll und Scheu'r,
Den nimm, mein Kind, folg' mir diesmal,
Denn Reichthum schürt der Liebe Feu'r.

Den Hans da von Glenbuskie, sieh,
Den nehme nun und nimmer ich,
Der hat so lieb sein Feld und Vieh,
Daß er nichts übrig hat für mich.
Doch blickt mein Robin lieb mich an,
Für den da laß ich Gut und Blut!
Den einen Blick nicht geb' ich dran
Für Buskie=glen sammt Hab' und Gut.

O thöricht Kind, im Lauf der Welt
Gibt's, wo's am besten, Noth und Streit.
Die volle Hand, die stärkst' im Feld,
Ach Hungers Leid ist bittres Leid!
Wer Geld nicht hält, den fällt das Geld,
Jung Eigewill nur Eignes will,
Doch wie man's hält, so ist's bestellt,
Und kochst du viel, so hast du viel.

Für Geld kauft man wohl Pfand und Land,
Für Geld kauft man wohl Feld und Vieh,
Doch ein geliebtes Herz und Hand
Kauft man für Gold und Silber nie.
Sind wir auch arm, Robin und ich,
Der Liebe Last, die trägt sich schon,
Sein Herz macht glücklich ihn und mich.
Hat mehr der König auf dem Thron?

O Mally sanft, Mally süß,
Mally hold ist keins wie dies,
Mally klein, Mally fein,
Mally ist ein Edelstein!
 Als ich die Straß' ging längs der Wies',
 Einst auf ein baarfuß Kind ich stieß,
 Doch ach, die Au' war viel zu rauh
 Für dieses Mädchens zarte Füß'.

O Mally sanft, Mally süß,
Mally hold ist keins wie dies,
Mally klein, Mally fein,
Mally ist ein Edelstein!
 Es müßte diese feinen Füß'
 Ju Seide hüll'n ein weicher Schuh,
 Im Wagen sollt' mit Perl und Gold
 Kein' andre sitzen, Kind, als du.

O Mally sanft, Mally süß,
Mally hold ist keins wie dies,
Mally klein, Mally fein,
Mally ist ein Edelstein!
 Ihr golden Haar in Lockenschaar
 Den schwanenweißen Hals umschlingt,
 Die Augen klar, ein Sternenpaar,
 Es zög' empor ein Schiff, das sinkt.

Mein Schatz ist eine rothe Ros',
Im holden Mai erblüht,
Zu hören ihr lieb Stimmchen bloß,
Ist mir das liebste Lied.

Und wie du hold bist, süßes Herz,
So lieb' ich dich so sehr:
Und lieben werd' ich dich, mein Herz,
Bis trocken wird das Meer.

Bis alle Meere trocken sind,
Die Sonne schmilzt den Stein,
Will ich dich lieben, süßes Kind,
Im tiefsten Herzen mein.

Leb' wohl, leb' wohl, mein einzig Lieb,
Leb' wohl auf kurze Zeit.
Ich komme, komme bald, mein Lieb,
Wär's tausend Meilen weit.

Mein Herz ist schwer, ich weiß, um wen,
Mein Herz ist schwer, doch sag' ich's nicht;
Wach blieb ich die längste Nacht,
O, ich weiß, ich weiß, um wen!
   O! o! ich weiß, um wen!
   Ach! ach! ich weiß, um wen!
Reisen wollt' ich durch die Welt,
Ach, ich weiß, ich weiß, um wen!

Du Macht, die lächelt treuer Lieb',
O lächle hold, ich weiß, auf wen!
Führe sicher aus Gefahr,
Führ' zu mir, du weißt ja, wen.
   Ach! ach! du weißt ja, wen,
   O! o! du weißt ja, wen!
O ich thät', was thät' ich nicht!
Alles ja, du weißt, um wen!

Auf dein Wohl, du, mein Liebchen, so schön!
Auf dein Wohl, du, mein Liebchen, so schön!
Du bist süß, wie beim Willkomm der Liebenden Gruß,
Und sanft, wie beim Scheiden die Thrän'.

Und wirst du auch nimmermehr mein,
Verläßt jede Hoffnung auch mich,
Soll lieber mir Schmerz um dich seyn,
Als jegliche Lust ohne dich.

Den lustvollen Tag ich durchschmacht',
Dein denkend an Hoffnung so arm.
Willkommen, o Traum du der Nacht!
Denn dann, ach, umschlingt mich dein Arm.

Es sagt mir ein Engel, dein Blick,
Es sagt dein süß Lächeln genug;
Was fordr' ich, du kündest mein Glück,
Da's hemmt meines Mißgeschicks Spruch.

Auf dein Wohl, du, mein Liebchen, so schön!
Auf dein Wohl, du, mein Liebchen, so schön!
Du bist süß, wie beim Willkomm der Liebenden Gruß,
Und sanft, wie beim Scheiden die Thrän'.

O du mein Liebchen, schläfst du noch?
Wie, oder wachst du? sag' mir's doch.
Denn Amor legt mir auf sein Joch,
Und gern möcht' ich hinein, Kind.
   O laß mich ein nur die Nacht!
   Nur die, die, die Nacht!
   Aus Mitleid, ach, nur die Nacht!
Steh auf und laß mich ein, Kind.

Du hörst des Winterwindes Wehn,
Kein Stern ist durch den Schnee zu sehn,
O laß mich hier im Frost nicht stehn,
Ach, laß mich zu dir ein, Kind!
   O laß mich ein nur die Nacht!
   Nur die, die, die Nacht!
   Aus Mitleid, ach, nur die Nacht!
Steh auf und laß mich ein, Kind.

Nicht schmerzt mich Schnee und Frost umher,
Nicht fürcht' ich Sturm und Wind so sehr,
Dein kaltes Herz, ach, schmerzt mich mehr,
Als alle meine Pein, Kind!
   O laß mich ein nur die Nacht!
   Nur die, die, die Nacht!
   Aus Mitleid, ach, nur die Nacht!
O laß mich zu dir ein, Kind.

Ihre Antwort.

O sprich mir nicht von Sturm und Wind,
O schilt mich drum nicht kalt gesinnt,
Geh' hin, woher du kamst, geschwind,
Ich lasse dich nicht ein, Schatz.
    Ich sage dir nun, die Nacht,
    Ja, die, die, die Nacht,
    Und ein für allemal die Nacht,
Ich lasse dich nicht ein, Schatz.

Der wild'ste Sturm in schwarzer Nacht,
Der deinen Pfad unwegsam macht,
Ist nicht, was trägt die arme Magd,
Die traut dem falschen Mann, Schatz.
    Ich sage dir drum, die Nacht,
    Ja, die, die, die Nacht,
    Und ein für allemal die Nacht,
Ich lasse dich nicht ein, Schatz.

Das schönste Blümlein auf der Flur,
Zertreten auf des Weges Spur,
Ihr armen Mädchen, merkt's euch nur,
Das ist ein Bild von euch, Schatz.
    Ich sage dir drum, die Nacht,
    Ja, die, die, die Nacht,
    Und ein für allemal die Nacht,
Ich lasse dich nicht ein, Schatz.

Der Fink, der sang am Sommertag,
Ist in des grimmen Voglers Schlag:
Manch arglos gläubig Weib euch sag',
Wie oft das ist ihr Loos, Schatz.
   Drum sag' ich dir, für die Nacht,
   Für die, die, die Nacht,
   Und ein für allemal die Nacht,
Ich lasse dich nicht ein, Schatz.

Ein stattlicher Freiersmann fragt' bei mir an,
Und wollte die Freiheit mir rauben:
Ich sagt' ihm, nichts wär' mir verhaßt, als ein Mann,
Der Teufel! wer heißt's ihn denn glauben?

Mein Schwarzaug', so sagt' er, durchbohrt hätt' es ihn,
Er schwur, daß vor Lieb er erliege,
Ich sagt', wenn er wollt', möcht' er sterben für Jenn,
Der Himmel verzeih' mir die Lüge.

Ein stattliches Gut und ihn selber, den Herrn,
Zum Mann mir, das war sein Erbieten.
Ich that nicht, als kännt' ich's, als hätt' ich ihn gern,
Man konnte mir Kleineres bieten.

Nun denkt euch nur, kaum vierzehn Tage nachher
Da führt ihn der Satan zur Zweiten;
Mein Bäschen, braun Bessy, er schäckert mit der,
Nun denkt euch, und das sollt' ich leiden!

Ich fand keine Rast, meine Ruhe war fort,
Zum Weib von Dalgarnok ich gehe,
Und wen, als den Treulosen, finde ich dort,
Erschreck', als wenn Kobold ich sähe.

Doch über die Schulter ein Blickchen ihm winkt,
Daß Niemand mich keck heiß' und eitel.
Wie trunken mein Schatz da gleich hüpfet und springt,
Und schwur, ich wär' doch sein süß Maidel.

Ich fragt' nach der Base ganz zierlich und süß,
Ob wieder erlangt sie ihr Hören?
Ob ihr nicht der Schuh drück' die runzlichen Füß'?
O Himmel! da ging's an ein Schwören!

Er bat um Gott'swill, ich möcht' werden sein Weib,
Sonst stürb' er vor Kummer und Sorgen; —
Nun gut denn, zu retten ihm Leben und Leib,
Denk' ich, willst nur nehmen ihn — morgen!

Was kann ein jung Mädel,
Was soll ein jung Mädel,
Was kann ein jung Mädel
Mit solch altem Mann?
Verwünscht jeder Penny,
O Mutter, ihn nenn' nie,
Den dir für arm Jenny
Der Handel gewann.

Des Morgens, da klagt er,
Des Abends, da plagt er,
Und hüstelt und brüstelt,
Und wüstelt mich an.
Ist dämlich und böslich,
Sein Blut kalt und fröslich.
O traurig die Nacht ist
Mit solch altem Mann!

Mein alt Pathe Kathe
Trieb Mitleid zum Rathe,
Und ich will schon thun das,
Was sie mir ersann.
Ich zwick' ihn und zwack' ihn,
Und fortschabernack' ihn,
Dann kauft sein alt Kupfer
Schon neu mir die Pfann'.

Kaum eine Meile Wegs
Von Edinburg, der Stadt,
In der lieblichen Rosenzeit,
Wenn die Blumen duften süß,
Und das Gras gemäht man hat,
Jeder Hirt sucht seine Maid.
Jocky, lustig, froh und frei,
Küßt süß Jenny in dem Heu;
Die Dirn' ward roth, und zornig schrie:
„Nein, nein, will hier nicht stehn!
Ich kann nicht, kann nicht!
Will nicht, will nicht!
Mag nicht, — laß mich gehn!"

Doch als er schwur,
Zur Braut er sie nähm',
Seine Heerde, die wäre nicht klein,
Gab sie ihm die Hand,
Einen Kuß außerdem,
Und schwur, sie wär' ewig nun sein.
Jocky, lustig, froh und frei,
Rührt ihr Herz, da war's vorbei,
Dort in der Kirch' rief sie nicht mehr:
„Nein, nein, will hier nicht stehn!
Ich kann nicht, kann nicht!
Will nicht, will nicht!
Mag nicht, — laß mich gehn!"

O pfeif' nur, und gleich bin ich bei dir, mein Schatz!
O pfeif' nur, und gleich bin ich bei dir, mein Schatz!
Wär' Vater und Mutter und Alles am Platz,
O pfeif' nur, und gleich bin ich bei. dir, mein Schatz!
Doch leise tritt, wenn du willst kommen zu mir,
Und kommst du, so komm' durch die hintere Thür,
Den Bergweg herunter, wenn Niemand ist hier,
Und komm' so, als wollst du nicht kommen zu mir!
Und komm' so, als wollst du nicht kommen zu mir!

In der Kirch, auf dem Markt, an dem Brunn, an der Thür
Geh vorbei mir, als fragtest du gar nicht nach mir,
Doch schiel' mit den süßen Blauaugen nach mir.
Doch blick' so, als blicktest du gar nicht nach mir.
Doch blick' so, als blicktest du gar nicht nach mir.

Ja, schwör' nur, du machtest dir gar nichts aus mir,
Und schätze gering meine Schönheit und Zier.
Doch herz' keine Andre, magst scherzen mit ihr,
Sie könnten entwenden dein Herzelein mir!
Sie könnten entwenden dein Herzelein mir!
O pfeif' nur, und gleich bin ich bei dir, mein Schatz!
O pfeif' nur, und gleich bin ich bei dir, mein Schatz!
Wär' Vater und Mutter und Alles am Platz,
O pfeif' nur, und gleich bin ich bei dir, mein Schatz!

Mein Herz war froh, mein Herz war frei,
    Wie Sommertage lang,
Doch ein Weberbursch in Westen, ach!
    Verstimmte seinen Klang.
        Wenn ihr Mädchen je zum Weber geht,
        Wenn ihr je zum Weber geht,
        Nehmt euch in Acht, geht nicht bei Nacht,
        Wenn ihr je zum Weber geht.

Mein' Mutter schickt' mich in die Stadt,
    Zu weben Plaidie fein,
Doch in's Gewebe webte, weh!
    Sich mancher Seufzer ein.

Zum schmucken Weberburschen setz'
    Ich hin mich, ach! da fing
Mein Herz er, wie mit einem Netz,
    In jeder Schleif und Schling.

Ich saß und dreht' am Haspelrad,
    Und mit dem Garn so fein,
Mit jedem Wurf, mit jedem Schlag
    Schifft' sich mein Herz mit ein.

Der Mond im Westen sank hinab,
    Mit bleichem, blassem Strahl,
Als mein herzlieber Weberjung
    Mich führte durch das Thal.

Was wir gesagt, und was gethan,
　Birgt tief im Herzen sich,
Doch ach, ich fürchte, bald zu Haus
　Weiß man's so gut, wie ich.
　　Wenn ihr Mädchen je zum Weber geht,
　　Wenn ihr je zum Weber geht,
　　Nehmt euch in Acht, geht nicht bei Nacht,
　　Wenn ihr je zum Weber geht.

454.

O Logan, flossest lieb und traut
Den Tag, als ich ward Willie's Braut,
Und Jahre flossen durch Lust und Freud,
Wie Logan fließt zur Sommerzeit.

Nun ist des Ufers Blumenwald
Wie starrer Winter öd und kalt,
Weil mein Herzlieb in Feindesland,
Weit, weit von mir und Logans Strand.

Der süße Wonnemonat Mai
Hat Berg und Thal geschmückt auf's Neu,
Die Vöglein singen in Zweig und Luft,
Die Bienlein summen im Blumenduft.

Lust strahlt des Morgens rosiger Blick,
Des Abends Thräne perlt Freud und Glück;
Mein Herz an nichts mehr Freude fand,
Seit Willie fern von Logans Strand.

Im Schleebusch dort, der schneeweiß blitzt,
Ein Zeislein bei den Jungen sitzt,
Sein Männchen bald sich liebend müht,
Bald scheucht's ihr Leid mit süßem Lied.

Ich bei den süßen Jungen hier,
Kein Männchen hilft, kein's kost mit mir,
Ich traure tief im Wittwenstand,
Seit Willie fern vom Loganstrand.

O weh euch Mächt'gen, deren Neid
Die Brüder führt zu blut'gem Streit,
Manch liebend Herz der Lust beraubt,
Vergeltung fall' auf euer Haupt!

Wie kann eu'r Felsenherz sich freu'n,
Wenn Wittwen weinen, Waisen schrei'n?
O Friede, bringe Ruh' in's Land!
Und Willie heim an Logans Strand!

Des Krieges wilde Wuth war aus,
Der holde Frieden kehrte,
Viel Waisen weinten trüb zu Haus,
Viel Wittwen Gram verzehrte.

Da ließ ich Heer und Lagerfeld,
Das oft empfing den Sieger,
Mein Ränzel, all mein Gut und Geld,
Ein armer, braver Krieger.

Ein fröhlich Herz in treuer Brust,
Vom Plündern rein die Hände,
Zum lieben Schottland heim mit Lust
Ich meinen Schritt nun wende.

Ich dacht' an meines Coil Gestad,
Ich dacht' an mein' lieb' Nancy,
Die fest mein Herz gefesselt hat,
Ich glaube, zaubern kann sie.

Kam endlich in mein liebes Thal,
Wo ich als Knabe spielte,
Zur Mühle, wo so manches Mal
Süß Nancy's Lieb' ich fühlte.

Was seh' ich? Gott! mein süßes Kind,
Wie's um ihr Hüttchen schweifte;
Kehr' um und berg' die Thrän' geschwind,
Die aus dem Aug' mir träufte.

Verstellt nun sprech ich: Mägdlein fein,
Süß wie des Hagdorns Blüthen,
O glücklich, glücklich muß der seyn,
Dem solch süß Herz beschieden!

Mein' Börs' ist leicht, und weit mein Gang,
O nimm hier auf mich Armen!
Dem König und Vaterland dient' ich lang,
Dem Krieger schenk' Erbarmen!

Sie warf 'nen schlauen Blick auf mich,
Noch lieblicher wie immer,
Und sprach, 'nen Krieger liebte ich,
Und den vergeß ich nimmer!

Im Hüttchen hier beim schlichten Herd
Seyd gern ihr aufgenommen,
Um die Kokarde, theu'r und werth,
Seyd herzlich mir willkommen.

Sie stockt, blickt — Rosenröthe lief
Durch Wange weiß wie Lilie,
Und sank mir an mein Herz und rief:
O Gott, o Gott, mein Willie!

Bei ihm, der Erd und Himmel schuf,
Der treuer Liebe schonet,
Ich bin's, und immer werde so
Treuliebenden gelohnet.

Der Krieg ist aus, ich kehre heim,
Du liebst mich noch herzinnig,
Bin arm an Gold, doch reich an Lieb',
Und dein auf ewig bin ich.

Sie sprach: „Großvater ließ genung
Mir Gut in Kist' und Scheuer;
Willkommen, mein Soldatenjung',
Willkommen, du, mein Treuer!

Um Gold der Landmann pflügt sein Gut,
Des Seemanns Kiel die Meere:
Der Ruhm, der ist Soldatengut,
Soldatenreichthum Ehre.

Dem braven Krieger biet' die Hand,
Führ' ihn zum heim'schen Sitze,
Und denk', daß er das Vaterland
Am Tag der Noth beschütze.

Hier hinaus, dort hinaus wandert mein Willie,
Hier hinaus, dort hinaus wandert mein Glück;
Lang nach dir bangt' ich, hangt' und verlangt' ich,
Nun hab' ich Willie, mein Willie zurück.

Folgte durch Sumpf und durch Moor meinem Willie,
Folgte. durch Sumpf und durch Moor ihm so weit;
Nichts ist zu nennen, was uns könnt' trennen,
Liebe belohnt uns all Kummer und Leid.

Jung Jockey war der schmuckste Jung,
Den wohl geseh'n mein Auge je.
Voll Lust er pfiff zum lustgen Sprung
Und tanzte leicht, als wie ein Reh.
Da lobt' er mir mein Blauaug und
Lobt' meine schlanke Hüft', — ich steh, —
Mein Herz, ach, kömmt mir in den Mund,
Wenn ich ihn höre oder seh'.

Mein Jockey pflügt da auf dem Plan
In Sturm und Wind, in Frost und Schnee,
Und wenn er heimtreibt, dann, ach, dann
Ich bis zur Wies' entgegen geh';
Und kommt die dunkle Nacht heran,
So schwört er mir, in heil'ger Eh'
Würd' ich sein Weib und er mein Mann,
Mir treu, so lang sein Athem weh'

Wie kann ich froh und lustig seyn,
   Wie kann ich geh'n mit Band und Strauß,
Wenn der herz'ge Jung, der mir so lieb,
   Ist über die Berge weit hinaus?

'S ist nicht der frost'ge Winterwind,
   'S ist nicht der Schnee in Sturm und Graus,
Doch immer kommen mir Thränen in's Aug',
   Denk ich an ihn, der weit hinaus.

Mein Vater wies mich von der Thür,
   Die Freunde stießen mich aus dem Haus,
Doch Einer, weiß ich, nimmt mich auf,
   Der herz'ge Jung, der weit hinaus.

Ein Paar neue Handschuh' gab er mir,
   Und seidne Bänder und 'nen Strauß,
Und ich will tragen sie um ihn,
   Den herz'gen Jung, der weit hinaus.

Der lange Winter geht vorbei,
   Der Frühling putzt die Birken aus,
Mein süßes Kind wird geboren seyn,
   Und er kommt heim, der weit hinaus.

In einer lauen Sommernacht,
Wo hoch die Aehren stehen,
Und hell der Mond am Himmel lacht,
Thät' ich zu Anne gehen;
Die Stunden floh'n, im Dämmerschein
Sich Früh zum Spät gesellte,
Ich bitte sie, und sie stimmt ein,
Sie kam zum Gerstenfelde.

Die Luft war lau, der Wind war still,
Der Mond die Flur erhellte,
Da setzt sie, weil sie ruhen will,
Sich hin im Gerstenfelde.
Ich wußt', ihr süßes Herz wär' mein,
Und Lieb mit Lieb vergelte,
Und küß' und küß' ihr Mündchen klein
Im bunten Gerstenfelde.

Ich schloß sie fest in meinen Arm,
Ihr Herz mein Herz erhellte,
O Segen ihm! es schlug so warm
Im hohen Gerstenfelde!
Beim Mond= und Sternenlicht, das klar
Die Nacht zum Tag erhellte,
Sie sey gesegnet immerdar
Die Stund' im Gerstenfelde.

Wohl war ich froh, bei Sang und Klang
Im luft'gen Zechgezelte,
Und wenn nach Arbeit, Noth und Drang
Sich Geld gesellt zum Gelde,
Doch jeder Freude hellster Strahl,
Wie ihn auch Luft erhellte,
Sie überstrahlt die Nacht zumal,
Die Nacht im Gerstenfelde.

Und Korn und Gerst' ist eingebracht,
Das Bier schäumt in der Kanne,
Doch ich vergesse nie die Nacht
Im Gerstenfeld mit Anne.

Saß gestern bei 'nem Becher Wein,
War Niemand sonst mir da nah,
Lag gestern mir am Herzen mein
Mit goldnen Locken Anna.

Der Hungrigen in der Wüste Freud'
War bei dem Himmels=Manna
Nichts gegen meine Seligkeit
Am Munde meiner Anna.

Nehmt, Fürsten, hin den Ost und West
Vom Indus zur Savanna,
Ich halt' in meinen Armen fest
Mein Elfchen, meine Anna.

Daneben dünken klein und arm
Mir Kaiserin und Sultana,
Wenn Seligkeit in deinem Arm
Mit dir ich tausch', o Anna!

Weg, eitler Tagesgott, bleib fern!
Weg, bläßliche Diana!
Es berg' sich jeder helle Stern,
Bin ich bei meiner Anna.

Auf Rabenschwingen komm, o Nacht,
Nicht Sonn', Mond, Stern herannah',
Bis durch 'ner Engelfeder Macht
Ich schrieb mein Glück mit Anna!

Alt Robin Gray.

Wenn die Kühe sind daheim,
Und im Pferch die Schaaf',
Und alle Welt längst liegt im Schlaf,
Mein Herzweh mir strömt
Aus meinen Augen dann,
Während fest schläft
Mein alter Mann.

Jung Jamie war mir gut,
Und zur Braut mich haben wollt',
Doch hatt' er nur 'ne Kron',
Und sonst nicht Gut, noch Gold;
Daß die Kron' würd' ein Pfund,
Zur See begab er sich,
Und die Kron' und das Pfund
Waren beid' für mich.

Nicht lange war er fort,
Acht Tage wohl ich glaubt',
Als mein Vater brach den Arm,
Und die Kuh ward uns geraubt.
Da wurd' mein' Mutter krank,
Und mein Jamie war so weit,
Und alt Robin Gray
Kam und um mich freit'.

Mein Vater konnt' nichts thun,
Mein' Mutter spinnen nicht,
Ich, fleißig Tag und Nacht,
Ihr Brod gewinnen nicht;
Robin erhielt sie beid',
Und, die Thränen trocknend sich,
Sprach er: „Jenny, um sie,
O heirath' mich!"

Mein Herz, ach, das sprach: „nein,
Auf deinen Jamie wart'!"
Doch der Sturm, der blies laut,
Und das Schiff sank auf der Fahrt,
Das Schiff sank auf der Fahrt,
Und Jenny nicht mit dir?
Was leb' ich, zu sagen:
„Ach weh, weh mir!"

Mein Vater drängte sehr,
Mein' Mutter gar nicht sprach,
Sie sah mir in mein Aug,
Daß mir mein Herz fast brach.
Sie gaben ihm meine Hand,
Mein Herz war auf der See,
Und nun ist mein Mann
Der alte Robin Gray.

Kaum war ich seine Frau
Ein' Wochen oder vier,
Just saß ich da betrübt
Daheim vor meiner Thür,

Da sah ich Jamie's Geist, —
Er, dacht' ich, kann's nicht seyn!
Bis er sagt': „mein Kind,
Nun soll die Hochzeit seyn!"

O sehr weinten wir,
Das Reden, das war groß,
Er nahm nur einen Kuß,
Da rissen wir uns los. —
Ich wollt', ich wäre todt,
Doch nicht vergönnt ist's mir;
Was leb' ich, und sag'·
Ach weh, weh mir!

Ich geh' wie ein Geist,
An nichts ich Freude find',
Darf nicht an Jamie denken,
Denn das wär' ja 'ne Sünd';
Ein braves Weib zu seyn,
Danach will streben ich,
Denn der alte Robin Gray
Ist gut gegen mich.

40:

Einen Kuß, den letzten Schimmer,
Ein Lebwohl, o Gott, für immer!
Tiefe Herzensthränen wein' ich,
Denk' in Schmerz und Sehnen dein ich.

Wer nennt sich den ganz Gebeugten,
Dem noch Hoffnungsstrahlen leuchten?
Meine Seele lichtlos schmachtet,
Von Verzweiflung rings umnachtet!

Ich will drum mein Herz nicht schmähen,
Wer kann Nancy widerstehen?
Sie nur sehen, heißt sie lieben,
Sie nur lieben und für's Leben.

Hätten nie geliebt so herzlich,
Nie wir uns getrennt so schmerzlich,
Nie gesehen nie verlaffen,
Müßten nicht vor Gram erblaffen.

Lebe wohl, du Schönste, Reine,
Lebe wohl, du Liebste, Meine!
Dein sey jede Luft und Freude,
Fried' und Liebe dein Geleite!

Einen Kuß, den letzten Schimmer,
Ein Lebwohl, o Gott, für immer!
Tiefe Herzensthränen wein' ich,
Denk' in Schmerz und Sehnen dein ich!

Mary Morison.

„O Mary, sey am Fensterlein!"
Ich bat — und du versprachst so warm!
Gönn' mir der lieben Augen Schein,
Woneben alle Schätze arm.
Wie gern, ach, wacht in Sturm und Nacht
Ein müder Sklav' von Sonn' zu Sonn',
Ich um den Lohn, nach dem ich schmacht',
Die süße Mary Morison.

Als gestern bei der Saiten Klang
Der Tanz ging durch den Saal so licht,
Hinweg zu dir mein Herz sich schwang,
Ich saß, und sah und hörte nicht;
War die auch schön, und jene hoch,
Der Stolz der Stadt auch diese schön,
Ich seufzt' und sagt': „von allen doch
Ist keine Mary Morison."

O Mary, nimmst du dem die Ruh,
Der gern für dich sein Leben gibt,
O Mary, dessen Herz brichst du,
Deß Fehl' nur ist, daß er dich liebt!
Wenn Lieb' um Lieb' dein Herz nicht gibt,
Dein Mitleid einzig sey mein Lohn:
Denn ein Gedanke, der betrübt,
Kommt nie von Mary Morison.

Lord Gregory.

O gräßlich heult der grause Sturm
  In öder Mitternacht.
Mach' auf, Lord Gregor, auf den Thurm,
  Mach' auf der armen Magd.

Mein Vater stieß mich aus dem Haus
  Um meine Lieb' zu dir,
Losch deine Lieb' im Herzen aus,
  Nur Mitleid gönne mir.

Lord Gregor, denkst du an den Hain
  Am lieben Irwin=Strand,
Wo lang ich barg die Liebe mein,
  Eh' ich sie dir gestand?

Wie oft beschwurst du mir auf's Neu',
  Du wärst auf ewig mein!
Und mein arm Herz, so liebend treu,
  Glaubte den Schwüren dein.

Hart ist dein Herz, Lord Gregory,
  Hart, hart wie Kieselstein;
Du zuckender Blitz, o hieher zieh,
  Und ende meine Pein!

Du brüllender Donner, dumpf und trüb,
  Dein Opfer harret hier,
Doch schon', o verzeih' meinem falschen Lieb
  Die Sünd' an Gott und mir!

114

O öffne die Thür, hab' Erbarmen, mach auf,
   O öffne die Thür mir, o!
Warst du mir auch falsch, ich bleibe dir treu,
   O öffne die Thüre mir, o!

Wie kalt weht der Wind auf mein bleiches Gesicht!
   Doch mehr deine Lieb zu mir, o!
Der Frost, der mein Leben erstarrt bis an's Herz,
   Ist nichts gegen Qual von dir, o!

Bleich senkt sich der Mond in die schäumende Flut,
   So senkt sich mein Leben mir, o!
Falsch' Lieb, falsche Freunde, fahrt wohl, denn ich bin
   Nicht ihnen zur Last und dir, o!

Und sie öffnet die Thür und sie öffnet sie weit,
   Da sie ihn erstarrt gesehn, o!
Mein Treulieb! schreit sie und stürzt ihm zur Seit',
   Um nimmermehr aufzustehn, o;

Wärst du auf öder Haid' allein,
In Sturm und Wind, in Sturm und Wind,
Mein Mantel müßt' dein Obdach seyn,
Mein süßes Kind, mein süßes Kind!
Wenn dich des Schicksals Sturm erfaßt
Mit bitterm Schmerz, mit bitterm Schmerz,
An meiner Brust hier find'st du Rast,
Komm an mein Herz, komm an mein Herz!

Wär' ich im dunkeln Burgverließ,
In öden wilden Wüstenei'n,
Die Wüste wär' ein Paradies,
Könnt'st du, mein Liebchen, bei mir seyn,
Und wär' die weite Welt mein Thron,
Mit dir, süß Liebchen, theilt' ich ihn,
Es wär' die Perl' in meiner Kron'
Die Königin, die Königin.

Komm an mein Herz, mein Kind, o glaub',
Die Welt soll uns nicht trennen,
Verächtlich, wie den tiefsten Staub,
Will ihren Glanz ich nennen.

Wenn mir gesteht süß Aennchen mein,
Sie fühle meine Triebe,
So ist mir's Leben lieb allein,
Zu leben ihrer Liebe.

Umschlingt mein Arm, in Liebe warm,
Dies Kleinod ohne Gleichen,
Ich will nicht mehr von dir, o Herr,
Der Himmel ist mein eigen.

Bei dieser Augen blauen Grund,
Mein Herz ist dein auf immer!
Ich siegl' es fest auf deinen Mund,
Und brechen werd' ich's nimmer.

Du hast mich verlassen, Jamie!
Du hast mich verlassen.
Oft du schwurst, du ließest mich nie!
Möchtest eh' erblassen.
Deine Maid, nun ließest du sie,
Hast mich nun verlassen, Jamie!
Hast mich verlassen.

Du brachst dein Versprechen, Jamie!
Du brachst dein Versprechen.
Kannst du gehn zur Andern, wie!
Wenn mein Herz will brechen. —
Schließ' dich, Aug', und öffne dich nie!
Mag der Tod dich brechen, Jamie!
Der Tod dich brechen.

Die kalten Stürme brausen,
Schnee glänzt vom Bergesrande,
Mich faßt des Winters Grausen,
Mein Hochlandsbursche wandte
Sich weit durch fremde Lande.
Wohin er ziehn mag, wohin fliehn,
Herr, schütz' ihn aller Orten,
Und führe nach schön Strathspey ihn,
Zum lieben Castel Gordon.

Der Wald, der nackt nun trauert,
Bald wird er grünen wieder,
Vöglein, das kalt nun kauert,
Bald singt es frohe Lieder,
Der Dorn, bald neu erblüht er:
So Glück und Lust mir wieder blühn,
Wenn gnädig mein Worten,   .
Der Herr schickt nach schön Strathspey ihn,
Zum lieben Castel Gordon.

Es blüht ein schmucker Rosenstrauch
In unserm Garten.
Und weiß sind die Blüthen dran,
In unserm Garten.
Kleine Kokarden weiß,
Hochlandsbursch, dein Zeichen sey's.
Und die Mädel haben lieb den Strauch
In unserm Garten.
Doch wären alle treu
In der Fremde, so gern
Nach Carlyle nicht zögen sie
Mit englischen Herrn
Und vergäßen alte Freunde,
Alte Freunde fern.
Wo oft du warst, Jamie,
Kommst du nicht mehr hin,
Du kommst nicht mehr, Jamie,
Nach Athole's Grün.
Ihr tanzt in der Halle
Von Carlyle gar zu gern,
Und vergeßt die Hochlandsberge,
Die Berge so fern.

Fahrt wohl, ihr dunkeln Kerkerwänd',
Du Ort des finstern Grolls,
Macphersons Zeit
Geht bald zu End'
Dort an dem Galgenholz.

So ohne Schreck
Schritt er zum Fleck,
So keck, so frech und stolz,
Und pfiff und sang
Und tanzt' und sprang
Noch unterm Galgenholz.

Was ist der Tod?
Ein Hauch   er droht'
In hundert Kämpfen mir,
Thät' ohne Grau'n
In's Aug ihm schau'n,
Und biet' ihm Trotz auch hier.

So ohne Schreck
Schritt er zum Fleck,
So keck, so frech und stolz,
Und pfiff und sang
Und tanzt' und sprang
Noch unterm Galgenholz.

Schließt auf die Band'
An meiner Hand
Und bringt mir mein gut Schwert;
Es ist kein Mann
In Schottland dann,
Dem ich den Rücken kehrt'.

So ohne Schreck
Schritt er zum Fleck,
So keck, so frech und stolz,
Und pfiff und sang
Und tanzt' und sprang
Noch unterm Galgenholz.

Kampf und Gefahr
Mein Leben war,
Den Tod gibt mir Verrath;
Mein Herz nur brennt,
Daß kömmt mein End',
Eh' ich gerächt die That.

So ohne Schreck
Schritt er zum Fleck,
So keck, so frech und stolz,
Er tanzt' und sprang
Und pfiff und sang
Noch unterm Galgenholz.

Fahr wohl, du Licht!
Ich zittre nicht,
Fahr wohl, du Morgenroth!
Schmach treff' und Schaam
Des Feigen Nam',
Der Furcht hat vor dem Tod.

So ohne Schreck
Schritt er zum Fleck,
So keck, so frech und stolz,
Er pfiff und sang
Und tanzt' und sprang
Noch unterm Galgenholz.

Kamt ihr durch Athol,
Bursch mit dem Philabey,
Kamt ihr vom Tummel her,
Oder vom Garry,
Saht ihr den Bursch mit der
Mütz und Kokarde weiß,
Kam aus den Bergen,
Zu folgen Prinz Charlie.
Folgen dir, folgen dir,
Wer wird nicht folgen dir,
Der, uns vertrauend,
Sein Herz in Gefahr lieh,
Charlie, Charlie!
Wer wird nicht folgen dir?
Fürst jeder Hochlandsbrust,
Braver Prinz Charlie!

Einen nur hab' ich,
Meinen Sohn Donald,
Doch hätt' auch zehn ich, sie
Folgten dem Glengarry.
Heil dir! Mac Donald,
Und wackrer Clan Ronald,
Denn sie gehn mit Lust
In den Tod für Prinz Charlie.
Folgen dir, folgen dir,
Wer wird nicht folgen dir,
Der, uns vertrauend,
Sein Herz in Gefahr lieh,
Charlie, Charlie!
Wer wird nicht folgen dir?
Fürst jeder Hochlandsbrust,
Braver Prinz Charlie!

Von Schottlands Schaaren gellend schallt,
Sackpfeif und Horn durch Feld und Wald,
Die Brust bekreuzt das Heer alsbald,
Und hebt sich von dem Grund.

Gerüstet steht, bereit zur Schlacht,
Der Ritter, Bögner, Lanzen Macht,
Des Krieges stolze Strahlenpracht,
Wild gähnt des Kampfes Schlund.

Weint, Englands Mägdlein, alle,
Es schwillt des Bannock Flut,
Doch nicht von süßem Wasser,
Von Englands bestem Blut.

Es schweigt der Pfeile Regen,
Die Bogensenne ruht,
Wo reitet der stolze Gloster? —
Ihn tritt der Rosse Wuth.

Weint, Englands Frauen, alle,
Der stolze Musgrave ruht,
Die schmetternde Trommete
Nie weckt Argentines Muth.

Droht stolz der Franzmann Ueberfall,
So nehm' er sich in Acht nur!
Zur See hält unser hölzner Wall,
Am Land freiwill'ge Wacht nur.

Eh' flöß' der Nithe nach Corsincon,
Eh' fänk' im Solway=Schlunde
Der Griffel, eh' uns Feindes Hohn
Soll drohn auf britt'schem Grunde.

O laßt uns mit einander nicht
Wie biß'ge Hunde streiten,
Sonst legt sich drein ein fremder Wicht,
Zur Schmach uns zu entscheiden.

Britannia sey, Britannia treu!
Eintracht sey unser Dichten,
Und nur durch Britenhände frei
Soll Britenstreit sich schlichten.

Des Staats und Tempels Kessel, der
Mag brauchen manchen Nagel,
Doch kommt ein fremder Flicker her,
Den treffe Blitz und Hagel!

Der Väter Blut im Kessel ruht,
Und wer stört deren Frieden,
Beim Himmel, die Verrätherbrut
Soll in dem Kessel sieden!

Der Sklav', der sucht Tyrannen Lohn,
Und er, sein Spießgeselle,
Der setzt den Pöbel auf den Thron,
Verbrenn' in einer Hölle!

Wer nicht singt: „Heil dem König, Heil!"
Am Thurm häng' in der Wolke.
Denn in dem „Heil dem König, Heil!"
Ruht auch das Heil dem Volke.

4.!

Fahr wohl, o Schottlands Ruhm, so alt,
Fahr wohl, bald wirst du nachten,
Fahr wohl, o Schottlands Namen, bald,
So hell in hundert Schlachten!
Zum Solway=Sande fließt der Sark,
Der Tweed zum Meeresstrande,
Für Englands Sklaven nun die Mark,
Seht, das thun ein Paar Buben im Lande!

Was Macht und Klugheit nicht vermocht,
Nicht Kampf und Streit gebrochen,
Hat Schurkenlist nun unterjocht,
Durch Fremdlingslohn bestochen.
Uns Englands Stahl nicht schrecken sollt',
Nicht er schlug uns in Bande.
Nein, uns besiegt hat Englands Gold, —
Seht, das thun ein Paar Buben im Lande!

O Gott! hätt' ich geseh'n den Tag
Verrätherischen Falles,
Mein graues Haupt, im Staube lag
Es eh' mit Bruce und Wallace.
Ob Macht mir hold, ob Macht mir grollt —
Wir sind verkauft, o Schande! —
Verrätherfold war Englands Gold,
Seht, das thun ein Paar Schurken im Lande!

Da droben am Schloß, als der Tag sank hinab,
Sann trauernd ein Greis, hing sein Haupt auf den Stab;
Er sang, und es füllten ihm Thränen den Blick:
„O nimmer wird Friede, bis Jamie zurück!"

„Die Kirch' liegt in Trümmern, die Kron' liegt im Staub;
Trug, blutiger Krieg, Unterjochung und Raub;
Wir dürfen nicht sagen, weß Unrecht uns drück'.
O nimmer wird Friede, bis Jamie zurück!

Mein siebenter Sohn zog für Jamie das Schwert,
Für Jamie ruhn sieben in grünender Erd'.
Es brach ihr süß Herz meinem Weib, doch ihr Blick
Sprach: „nimmer wird Friede, bis Jamie zurück!"

O Jammer, mein Weib und mein siebenter Sohn
Sank in's Grab — und vom Haupte des Königs die Kron';
Und doch — mein letzt' Wort, wenn schon dunkelt mein Blick,
Heißt: „nimmer wird Friede, bis Jamie zurück!"

Bannock=Burn.

Robert Bruces Rede an sein Heer.

Schotten Wallam Heldenschaar!
Denen Bruce oft Führer war,
Willkomm eurer blut'gen Bahr,
    Oder stolzem Siegsgeschrei!

Tag bricht an, die Stund' erwacht,
Seht, schon dräut die Front der Schlacht!
Seht dort Eduards stolze Macht!
    Eduard, Ketten, Sklaverei!

Wer ist nun so schnöd, so schlecht?
Wer für Feiglings Grab gerecht?
Wer will seyn ein Sklav', ein Knecht?
    Schurke, Feigling, flieh' vorbei!

Wer für Schottlands Recht im Feld,
Freiheitschwert in Händen hält,
Freimann steht und Freimann fällt,
    Caledonier, frisch herbei!

Bei der Unterdrückung Noth,
Knechtschaft, die den Söhnen droht!
Kämpfen woll'n wir auf den Tod,
    Doch sie werden, werden frei!

Auf die stolzen Feinde los!
Knechtschaft ruht in jedem Schooß,
Freiheit lebt in jedem Stoß,
    Sieg oder Tod, das Feldgeschrei!

Hinaus! Whigs, hinaus!
Hinaus! Whigs, hinaus!
Ihr seyd ein Sack
Verrätherpack,
Und heckt nichts Gutes aus.

Die Disteln blühten frisch und frei
Und duftig unsre Rosen.
Da kamen die Whigs wie Frost im Mai,
Knickt alle Sturmes Tosen.

Hinaus! Whigs, hinaus!
Hinaus! Whigs, hinaus!
Ihr seyd ein Sack
Verrätherpack,
Und heckt nichts Gutes aus.

Die Krone sank in Staub, o Fluch!
Der Teufel auf die Acht hab',
Und jeden schreib in sein schwarz Buch,
Der einem Whig die Macht gab.

Hinaus! Whigs, hinaus!
Hinaus! Whigs, hinaus!
Ihr seyd ein Sack
Verrätherpack,
Und· heckt nichts Gutes aus.

Die Schmach, die Kirch' und Staat ertrug,
Wer kann's in Worte fassen?
Whigs kamen über uns wie 'n Fluch,
Da mußt' das Glück erblassen.

Hinaus! Whigs, hinaus!
Hinaus! Whigs, hinaus!
Ihr seyd ein Sack
Verrätherpack,
Und heckt nichts Gutes aus.

Die grimme Rache lange schlief,
Doch sie wird schon erwachen.
Gott gnad' dem Tag, der auf sie rief,
Die wilde Jagd zu machen.

Wie kann, ach, mein Herz sich freu'n,
Wenn's fern, ach, fern vom Schiffer mein?
Wie vergäß' ich Tag und Nacht,
Daß er fort zur See, zur Schlacht?
Ob ich wandert', ob ich blieb,
Blieb mein Herz bei meinem Lieb,
Nachts im Traum, bei Tag im Sinn
Ich bei meinem Schiffer bin.
    Auf der See begleit' ich ihn,
    Weit durch Sturm und Wellen hin;
    Nachts im Traum, bei Tag im Sinn
    Ich bei meinem Schiffer bin.

Wenn in Sommermittagsglut
Müd um mich die Heerde ruht,
Am Geschütz im Pulverdampf
Steht vielleicht mein Schatz im Kampf.
Kugeln, schont meine einz'ge Lust!
Kugeln, schont die süße Brust!
Alles magst du mir entzieh'n,
Schicksal, doch, o schon' mir ihn!

Wenn in sternlos finstrer Nacht
Rast der Wind mit wilder Macht,
Und der Sturm zerzaust den Wald,
Und der Donner heulend schallt,
Steh ich mit gefalt'ner Hand,
Lauschend auf dem Felsenstrand,
Was ich kann auf meinen Knieen
Bet' ich dann für ihn, für ihn!

Frieden, breit' den Oelzweig aus!
End' den wilden Kampf und Strauß!
Daß, der Mensch sich Bruder ist,
Und an's Herz den Bruder schließt!
Schwell', o Gott, ich fleh' zu dir,
Seines Schiffes Segel mir!
Mir an's Herz bring, was sie zieh'n,
Meinen Schatz, ach ihn, ach ihn!

Von Inverneß die holde Magd
An nichts mehr Lust und Freude find't,
Und früh und spät sie seufzt und klagt,
Und weint sich selbst die Augen blind.
Drummossie=Moor, Drummossie Tag!
Ein Tag des Jammers warst du mir.
Es fiel der liebe Vater mein,
Und liebe Brüder drei an dir.

Ihr Leichentuch der blut'ge Staub,
Das grüne Gras bedecket sie; —
Daneben liegt der liebste Jung',
O einen liebern sah ich nie!
Weh', wehe dir, du harter Mann,
Ein blut'ger Wüthrich warst du mir!
Und manch arm Herz hast du betrübt,
Das niemals was zu Leid that dir.

Bin, ach, gekommen in's Niederland,
Ach weh, ach weh, ach weh ruf' ich!
Kein Penny war in meiner Hand,.
Zu kaufen Brod für mich.

So war's nicht auf der Hochland=Haid',
Ach weh, ach weh, ach weh rief ich!
War keine Maid, wohl weit und breit,
So glücklich da, als ich.

Da hatt' ich zwanzig Kühe noch,
Ach weh, ach weh, ach weh ruf' ich!
Weiden auf den Bergen hoch,
Die gaben Milch für mich.

Da hatt' ich Lämmer dreißig Paar,
Ach weh, ach weh, ach weh ruf' ich!
Die Heerde oben grasen war,
Und Wolle gab für mich.

War die beglückt'ste Maid im Glan,
Ach weh, wie fühl' ich, ach, nun Pein,
Denn Donald war der bravste Mann,
Und Donald, der war mein.

Da kam Carl Stuart heimgekehrt,
Um zu befrei'n das Land und sich;
Da braucht' mein Donald Hand und Schwert
Für Schottland und für mich.

Was sag' ich, welch ein Loos er fand!
Es sank das Recht, wie's Lauf der Welt,
Mein Donald und sein Vaterland
Fiel auf Cullodens Feld.

Ich kam, ach, kam in's flache Feld,
Ach weh, ach weh, ach weh ruf' ich!
Kein Weib ist auf der weiten Welt
So elend nun, als ich.

Wohl auf, wohl auf durch Berg und Thal!
Wohl auf, wohl auf am Wiesenplatz!
Wohl auf, wohl auf am Wasserfall!
Wohl auf, wohl auf mit meinem Schatz!
Ich lehnte mich an eine Eich': —
Ich dacht', es wär' ein fester Stamm; —
Erst bog er sich, dann brach er gleich —
Und grad' so macht's mein Bräutigam.

Hell auf, hell auf die Liebe glänzt
Nur kurze Zeit, bald wird sie grau,
Bald wird sie alt, bald wird sie kalt,
Bald schmilzt sie weg wie Morgenthau.
O warum kämm' ich nur mein Haar?
O warum putz' ich mich so sehr?
O mein Herzlieb mir treulos war!
Und sagt, er liebe mich nicht mehr!

Nun Arthursitz soll seyn mein Bett,
Kein Kissen will berühren ich,
Sankt Antoni Quell' soll seyn mein Trunk,
Weil mein Herzlieb verlassen mich.
Martini Wind, bald weht er hier,
Und schüttelt ab vom Baum das Blatt.
O lieber Tod, willst geh'n mit mir?
Denn meines Lebens bin ich satt.

Der Frost ist's nicht, der mir macht Pein,
Ist nicht der Schnee, der mir macht Schmerz;
Um solche Kälte ich nicht wein. —
Um meines Liebsten kaltes Herz!
Als wir nach Glasgow kamen beid',
Sah alles nur auf mich und ihn.
Mein Schatz trug ein schwarz sammtnes Kleid,
Und mein's, das war von Karmosin.

Hätt' ich gewußt, als ich ihn küßt',
Was von der Lieb' für Leid mir blieb',
Gewahrt hätt' ich mein Herz in Gold=
Und Silberkasten vor dem Dieb.
Mein Herz, o wärst gebrochen du!
O ewig hältst du ihn, nur ihn!
O wär' ich todt, und, ach, zur Ruh!
Denn all mein Glück, mein Glück ist hin!

Hans Gerstenkorn.

Drei Könige im Morgenland,
Die hatten einst gedroht
Mit einem hohen heil'gen Eid
Hans Gerstenkorn den Tod.

Mit einem Pfluge pflügten sie
Ihm Schollen auf sein Haupt,
Und schwuren drauf, des Lebens sey
Hans Gerstenkorn beraubt.

Doch freundlich kam der holde Lenz
Mit warmem Regenfall,
Da macht Hans Gerstenkorn sich auf,
Und überrascht sie all'.

Die heiße Sommersonne kam,
Gar kräftig wuchs er da,
Und Speere starrten um sein Haupt,
Daß Keiner ihm käm' nah.

Der stille, milde Herbst trat ein,
Da ward er matt und bleich,
Sein wankend Knie, sein hängend Haupt
Zeigt an, er sinke gleich.

Die Farbe schwand ihm mehr und mehr,
Das Alter brach den Muth,
Da fingen seine Feinde an
Zu zeigen ihre Wuth.

Mit einer Waffe, lang und scharf,
Am Knie man ab ihn hieb,
Und band ihn auf den Wagen fest,
So recht wie einen Dieb.

Dann legte man ihn auf den Bauch,
Und schlug auf ihm herum,
Und hing darauf im Wind ihn auf,
Und dreht' ihn um und um.

In eine Wassergrube tief,
Da stießen sie im Grimm
Hinein den armen Gerstenkorn: —
Da sink nun oder schwimm!

Sie breiten aus ihn auf dem Grund,
Und quälen ihn noch mehr,
Und zeigt ein Lebenszeichen sich,
So reiben sie ihn sehr.

Sie braten langsam an der Glut
Das Mark ihm im Gebein;
Am schlimmsten macht's ein Müller ihm,
Der malmt ihn zwischen Stein.

Sie zapfen ihm sein Herzblut ab,
Und trinken's in die Rund',
Und mehr, je mehr sie trinken, fließt
Von Freude jeder Mund.

Hans Gerstenkorn, der war ein Held,
Gar tapfer, stolz und gut,
Drum wenn sein Blut ihr trinkt, sogleich
Hebt kühn sich euer Muth.

Es macht, daß man sein Leid vergißt,
Es würzt uns jedes Glück,
Es macht, daß eine Wittwe singt,
Perlt auch die Thrän' im Blick.

Drum lebe hoch Hans Gerstenkorn!
Nimm jeder 's Glas zur Hand,
Nie fehlen tausend Enkel ihm
Im alten Schottenland!

Tam o Shander.

Wenn Alt und Jung die Straße läßt,
Die Nachbarn durstig sitzen fest,
Am Markttag, wenn der Markt lang aus,
Und Jeder sich begibt nach Haus,
Dann denken, wenn wir tollen Zecher
Dann schwenken unsre vollen Becher,
Wir nicht der langen schott'schen Meilen,
Der Sümpfe tief, der Höh'n, der steilen,
Die zwischen uns und unserm Haus,
Wo unsre Alte grimmig kraus
Die Brau'n wie ein Wetter zieht,
Und ihren Zorn schürt, daß er glüht.

Das, als der brave Tam o Shander
Nachts kam von Ayr, zu wahr nur fand er,
(Alt Ayr, besiegt von keinem Städtchen,
An braven Burschen und schönen Mädchen.)

O Tam, daß du nicht thatst, wie Schade,
Nach deines Katy's klugem Rathe!
Sie sagt's dir ja, du wärst ein Bengel,
Ein grober, trunkner Galgenschwengel,
Der keinen Markttag je im Jahr
Im Oberstübchen richtig war;
Wenn er zum Müller kam zu mahlen,
So lange saß, als er konnt' zahlen;
Thät seinem Pferd ein Eisen brechen,
Gleich anfing mit dem Schmied zu zechen;
Im Herrenhause gar am Sonntag
Mit Kirtonhannie trank bis Montag.

Sie prophezeiht, einst oder nun
Fänd' man ertränkt dich tief im Doon;
Vielleicht gepackt von den Gespenstern
Aus Alloway's alten Kirchenfenstern.

Ach, edle Damen! Jammerschad!
Wie manchen lieben, guten Rath,
Manch lange, kluge Lection
Hört von der Frau der Mann mit Hohn!

Doch weiter! — Einen Markttag Abend
Saß Tamie fest, sich weidlich labend,
Nah beim Kamin, so recht gemüthlich,
Und that beim Bier sich göttlich gütlich,
Zur Seite seines Schusters Hans,
Des alten treuen Zechkumpans.
Tam hat ihn wie 'nen Bruder lieb,
Oft Wochen mit ihm trunken blieb.
Die Nacht brach ein bei Sang und Klang,
Und immer besser ward der Trank.
Die Wirthin ward mit Tam ganz zart,
Und streichelt kosend ihm den Bart.
Zu Jonny's Witz des Witthes Lachen
Den lauten Chorus mußte machen.
Der Sturmwind pfiff in Saus und Braus,
Da machte Tam sich gar nichts draus.

Gram, Griesgram ob der Lust der Zecher,
Ertränkte sich in ihrem Becher;
Wie Bienen beladen, mit süßen Schätzen,
Die Stunden floh'n beschwingt mit Ergötzen.
Ein König dünkte da sich Tam,
Und glücklich wie ein Bräutigam.

Doch Freude gleich dem Löwenzahn
Zerfällt, weht sie ein Wind nur an,
Wie Schnee im Wasser, all sein Schimmer
Währt einen Hauch, und schmilzt auf immer,
Dem raschen Nordwind gleich, der floh,
Eh' man vermag zu zeigen wo,
Dem holden Regenbogen gleich,
Der in dem rauhen Sturm wird bleich.
Kein Mensch kann fesseln Flut und Zeit
Die Stunde naht — Nun, Tamie, reit'!
Die Stund' am Nachtgewölb' der Schluß,
Die Schreckenstund' zu Pferd er muß,
In solcher Nacht den Ritt beginnt er,
Wo nie noch ritt ein armer Sünder.

Der Wind blies wie zum letztenmal;
Der Regen alle Wege füllt,
Die Nacht verschlingt den raschen Strahl,
Tief, laut und lang der Donner brüllt.
Die Nacht, das sieht ein Kind wohl ein,
Herr Satan mußt' am Werke seyn.

Auf seiner grauen Mähre Meg,
Kein Roß je hob sein Bein so keck,
Tam durch Morast und Sumpf sich find't,
Verachtend Regen, Feuer, Wind.
Nur hält die blaue Mütz' er bang,
Und summt 'nen alten schott'schen Sang,
Und blickt mit kluger Sorg' umher,
Daß ihn kein Spuck faßt ungefähr;
Kirch Alloway naht im Wetterschein,
Wo Geister hausen und Eulen schrei'n. —
Nun kam er eben über's Moor,
Wo einst der Krämer im Schnee erfror;

Zur Birke dort am breiten Stein,
Wo Hans im Trunk brach Hals und Bein;
Zur Weide, die den Ort verbirgt,
Wo Jäger fanden ein Kind erwürgt;
Zum Dorn, der trüb den Bach umdrängt,
Wo Mungo's Mutter sich erhängt. —

Nun breitet vor ihm Doon die Flut,
Der Sturm verdoppelt seine Wuth,
Es kreuzt der Blitz von Pol zu Pol,
Nah brüllt der Donner tief und hohl,
Da durch gebeugter Eichen Reih'n
Kirch Alloway strahlt im Wetterschein.
Hell sprüht der Glanz aus jedem Spalt,
Und Lust und Tanz draus wiederhallt.

Hans Gerstenkorn, dein Muth, fürwahr,
Macht, daß wir lachen der Gefahr!
Beim Penny=Bier plagt uns kein Zweifel,
Beim Usqueban steh'n wir dem Teufel!
Das Ale braust so in Tamie's Kopfe,
Daß er den Satan nähm' beim Schopfe.
Doch Maggie stand gar sehr verwundert,
Bis sie, mit Hand und Fuß ermuntert,
Sich vorwärts wagte nach dem Licht.
Ach! da sah Tam ein graus Gesicht!
Ein Zauberer= und Hexentanz,
Kein neu französischer Firlefanz, —
Im Hornpeip, Gig und Siebensprung
Tanzt wie besessen Alt und Jung.
Hoch saß in einem Mauerspalt
Der alte Nick in Thiergestalt,
Und spielt, als schwarzer Zottelhund,
Hop hei! zum tollen Ringelrund.

Er bläst die Pfeif' und läßt sie schallen,
Daß Dach und Hallen wiederhallen.
Von Särgen rings ein Kreis stand weit,
Mit Leichen in dem letzten Kleid;
Und, durch des Satans Kunst gebannt,
Ein Licht hielt jede kalte Hand,
Bei deren Schein Held Tam nahm wahr,
Daß auf dem heiligen Altar
Ein Mörder lag vom Rabenstein,
Zwei ungetaufte Knaben klein,
Ein Dieb, vom Galgen erst gekappt —
Vom letzten Schnapp sein Mund noch jappt;
Fünf Aerte, roth von Blut besprudelt,
Fünf Türkensäbel, mordbesudelt,
Ein Gurt, der nahm ein Kindesleben,
Ein Dolch, der 'nem Vater den Tod gegeben,
Deß eigner Sohn sein Mörder war,
Am Griff hing noch sein graues Haar,
Und furchtbar Grauenhaftes mehr,
Das nur zu nennen sündlich wär'.

Tam stiert sich fast die Augen aus,
Die tolle Lust ward wild und graus,
Der Pfeifer laut und lauter stets,
Im Ringel immer schneller geht's;
Das wirrt und schwirrt, das schleift und stampft,
Bis jede Hexe träuft und dampft.
Da reißen die Lumpen sie ab, und bloß
Geht nun der Tanz von Neuem los.

O Tam, o Tam! Ja, wären's Dirnen,
Recht prall und rund, mit glatten Stirnen,
Ihr Hemd, statt schmutz'gem Frieß, vom feinen,
Schneeweiß gebleichten, saubern Leinen,

Hier, dies mein einzig Hosenpaar, —
Einst war es Plüsch von blauem Haar,
Ich gäb' es gleich von meinem Leibe
Um einen Blick nach solchem Weibe!

Doch klapperbeinige Gerippe,
Des Knochenmannes Hexensippe,
Du sahst sie humpeln auf der Krücke,
Und bebtest nicht entsetzt zurücke?

Nun, Tamie wußte, was er sah,
Es war ein schmuckes Mädel da,
Zum erstenmal beim Hexentanz,
Noch lang das Graun des Carrickstrands,
Wo manche Kuh sie hexte todt,
Und senkte manches schöne Boot,
Und Früchte dörrt' und Bäum' und Hecken,
Und setzt' das ganze Land in Schrecken:
Ihr Hemdchen war von grobem Zwirn, —
Sie trug es schon als kleine Dirn', —
Ob gleich von großer Länge fern,
Ihr bestes, — und sie putzt sich gern.

Ach, wenig wußt' die gute Alte,
Als für lieb Nanni's Hemd sie zahlte
Ihr letztes Geld, zwei schott'sche Pfunde,
Es prang' einst in der Hexenrunde!

Hier meine Muse senkt die Schwingen,
Der solch ein Flug nicht will gelingen,
Wie Nanni hüpft' und sprang, zu singen,
Die Hexe fing den Blick in Schlingen,
Und wie Tam stand wie ein Bezerter.
Sein Blick, indem er blickt, ihm wächst er;

Selbst Satan stiert und giert sie an,
Und bläst, hop heisa! was er kann.
Sie hebt den Fuß, nun hebt sie den —
'S ist um den armen Tam gescheh'n;
Laut schreit er: „Kurzhemd, brav gemacht!"
Da war's auf einmal dunkle Nacht; —
Kaum spornt er Meg, da folgt' ihm schon
Die ganze Höllenlegion.

Ein Bienenschwarm hervor so braust,
Stört man ihr Nest mit roher Faust;
Wie ausreißt ein gescheuchter Hase,
Steht ihm sein Todfeind vor der Nase;
Wie eines Jahrmarkts bunt Getrieb,
Wenn man den Ruf hört: „halt den Dieb!"
Fliegt Meg — und nach der Hauf' im Grimme,
Und schreit mit grauser, wilder Stimme:

„Ach Tam, ach Tam, du bist verrathen!
Man wird dich in der Hölle braten!
Dein' Katy sinnt, wo Tam nur bleib',
Ach, Kat' ist bald ein armes Weib!

„Dein Letztes thu', zu kommen, Meg,
Vom Schlußstein jetzt der Brücke weg!
Dann kannst mit dem Schwanz ein Schnippchen du schlagen,
Denn über den Strom sich die Hexen nicht wagen!"
Doch eh' sie über'n Stein kann springen,
Hat keinen Schwanz sie mehr zu schwingen!
Denn Nannt, vor den andern weit,
Der edlen Maggi dicht zur Seit',
Stürzt sich auf Tam in wilder Wuth, —
Sie kannte wenig Maggi's Muth,.

Ein Sprung, — ihr Herr war heil und ganz,
Doch blieb zurück ihr grauer Schwanz.
Die Hexe riß ihn ab vom Rumpf,
Und ließ der armen Meg den Stumpf.

Wer je liest diese wahre Geschicht',
Ihr Männer alle, o laßt nicht,
Wenn ihr wo sitzt bei Bier und Wein,
Kurzhemdchen euch je fallen ein.
Glaubt mir, ihr zahlt den Spaß zu theuer,
Denkt Tam o Shanders Abenteuer.

I

Hei, der staub'ge Müller
Und sein staubig Kleid,
Thaler haben will er,
Eh' er Groschen leiht.

Staubig macht den Fuß
In dem staub'gen Mill er,
Staubig war der Kuß,
Den mir gab der Müller.

Hei, der staub'ge Müller
Und sein staubig Pack,
Das sind fleiß'ge Füller
In den staub'gen Sack.

Hat im staub'gen Sack
Staubig Geld in Füll' er,
Tausch' ich gern die Jack'
Mit dem staub'gen Müller.

Kapitän Grose's Wanderungen durch Schottland.

Hör, Land der Kuchen und der Schotten,
Von Maidenkirk nach Jonny Grotten,
Habt ihr im Rock ein Loch von Motten,
    Ich rath' euch, flickt's;
Ein Schelm kommt her, der wirb's verspotten,
      Denn der erblickt's.

Trefft ihr einmal, von Hause fern,
Auf einen schmucken dicken Herrn,
Kurz von Statur, von Kopf ein Stern,
    Seht nur nach dem,
Denkt, der bemengt sich gar zu gern
      Mit Kalk und Lehm!

In einem alten Eulennest
Von Kirche, die das Volk verläßt,
Zehn gegen eins, da sitzt er fest,
    Bei Her' und Elf,
Bei Gott sey bei uns schwarzem Fest,
      Des Nachts um zwölf.

Ihr Geister alter Höf' und Hallen,
Ihr Fee'n, die graus ihr singt vor allen,
Ihr Hexen in des Teufels Krallen,
    Und Hexenmeister,
Erbebt vor seines Hammers Schallen,
      Ihr nächt'gen Geister!

Er war Soldat, ich hörte so,
Und einer, der eh fiel als floh,
Nun hing er an den Nagel froh
    Schwert und Tornister,
Und ward ein Antiquar, — ja so
    Heißt man's   das ist er.

Er hat 'nen Kram von altem Plunder,
Auch rost'ge Helm' und Panzer drunter,
Drei Nägel auch von Lothian — Wunder,
    Zwei Monat gut!
Und Breitöpf' und gesalzne Flunder
    Von vor der Flut.

Von Eva's erstem Feuer Asche,
Hier Tubalkains Feuertasche,
Der Stammbaum dort in einer Flasche
    Von Balaams Roß,
Der Endor=Besenstiel, der rasche,
    Mit ehrnem Schloß.

Dann theilt er euch genau den Schnitt
Von Adams Blätterschürze mit,
Das Schwert, das Abels Hals durchschnitt,
    Und thut euch dar,
Daß es zu einem Waidmannsritt
    Ein Fänger war.

Wollt ihr ihn seh'n in seinem Glanz,
Denn er ist Lust und Frohsinn ganz,
So sammelt um ihn einen Kranz
    Von Zechern gut, —
Und Port o Port fang' an den Tanz!
    Seht, was er thut!

Nun bei der Macht von Vers und Prose,
Ein wackrer Bursche bist du, Grose!
Wer Arg wähnt dir im Herzens-Schooße,
    Der kennt dich nicht;
Ich breche, sey's mit Hieb und Stoße,
    Den Hals dem Wicht!

Die Pfeife besing' ich, stolz künd' es mein Wort,
Die Pfeife besing' ich, stolz nennt sie der Nord, —
Gebracht zu des schottischen Königes Hall',
Wird lange noch Schottland durchdringen ihr Schall.

Alt Loda, der Waffen des Fingal gedenk,
Den Gott des Pokales nun schickt aus der Schenk:
„Die Pfeif' ist der Kampfpreis, nach Schottland nun geh,
Und trink' sie zur Hölle, sonst nimmer mich seh!

Chronisten und Barden, sie melden uns all
Von Kämpen, die kamen, und kamen zu Fall.
Als Sieger noch stand da von Loda der Held,
Und noch seine Pfeife das Requiem gellt.

Bis Robert, der Freiherr von Cairn und von Scaur,
Der Sieger beim Wein, wie in Kampf und Gefahr,
Den Gott trinkt hinunter, tief, tief wie in's Meer,
Die baltische Flut wankt nicht trunkner als er.

Herr Robert ging siegreich hervor aus dem Strauß.
Jahrhunderte wahrte den Kampfdank sein Haus,
Bis drei edle Kämpen vom nämlichen Blut
Den Wettkampf der Humpen erneuten mit Wuth.

Drei lust'ge Kumpane geh'n jetzt ins Gefecht,
Craigdarroch, berühmt wegen Witz, Werth und Recht,
Clenriddel, ein Kenner von Münzen und Stein,
Der wackre Sir Robert, belesen — in Wein.

Craigdarroch, von Zunge gar fein und gewandt,
Begehrt, daß Clenriddel ihm gäbe das Pfand,
Sonst mustern er wollte die Häupter im Clan,
Und präfen in Claret, wer wäre der Mann.

„Bei den Göttern der Alten!" rief Clenriddel heiß,
„Eh' daß ich je lasse solch ruhmreichen Preis,
Beschwör' ich den Geist auf des Held Rorie Moor,
Und trinke sein Trinkhorn ihm zwanzigmal vor!"

Sir Robert, ein Kriegsmann, dem Wortgefecht feind,
Der nie dreht den Rücken dem Feind wie dem Freund,
Sprach: „mir her die Pfeife, wenn ich sie erst faß',
Knietief wadt' im Claret ich, eh ich sie laff'!"

Zur Halle Clenriddel sie gehn in den Streit,
Zur Halle, wo jeder schenkt Kummer und Leid,
Doch mehr nicht durch Ruhm, Wein und Willkomm bekannt,
Als Witz, Geist und Schönheit der Dame dem Land.

Erwählt wird ein Barde zum Zeugen, er sag's
Den künft'gen Geschlechtern, das Kämpfen des Tags,
Ein Barde, den Kopfhängen fällte mit Haß
Und der einen Weinberg sich wünscht' zum Parnaß.

Das Mahl war vorbei nun, es perlte der Wein,
Der Pfropf, wenn er flog, ließ den Freudenborn ein.
Das Band alter Freundschaft wird immer mehr fest,
Ein Band wird je enger, je mehr man es näßt.

Es sprühte die Lust aus den Humpen hervor;
Selbst Phöbus sah nie solchen lustigen Chor,
Und schwur, daß er scheiden müßt' jetzt, ging ihm nah;
Doch Cinthia meint, morgen noch fänd' er sie da.

Sechs Flaschen hat jeder geleert schon die Nacht,
Als Robert der Kühne, zu enden die Schlacht,
Ein Maß goß vom Rothen dem Hump in den Bauch,
Und schwur drauf, das wär' von den Ahnen her Brauch.

Der würd'ge Glenriddel, bedächtig und klug,
Meint, nun wär' des sündlichen Wagens genug,
Ein Aeltester, so sich zu wälzen in Wein!
Die Gottlosen möchten's, von ihm wär's nicht fein.

Sir Robert zum Kampf bis zum Schluß war bereit,
Doch wer wagt mit Fatum und Humpen den Streit!
Und sprach auch das Fatum, verklärt stirbt ein Held,
Die Sonne geht auf und der Ritter — er fällt.

Nun hob sich der Barde, beim Wein ein Prophet: —
„Craigdarroch besteht, wenn die Welt auch vergeht,
Doch willst du unsterblich im Lied leben fort,
Komm, noch einen Humpen, und höre mein Wort:

Dein Stamm, der mit Bruce focht für Freiheit und Recht,
Wird bleiben auf ewig ein Heldengeschlecht,
Der Lorbeer ist dein, stets künd' es mein Lied,
Das Schlachtfeld ist dein, bei dem Licht, das dort glüht!“

Duncan Gray ging aus zu frei'n,
    Ha, ha, die Freierei!
Da trank Muth er sich in Wein,
    Ha, ha, die Freierei!
Maggi hoch sein Köpfchen dreht,
Und sah stolz und scheu und spröd,
Stumm der arme Duncan steht,
    Ha, ha, die Freierei!

Duncan bat so flehend Meg,
    Ha, ha, die Freierei!
Meg war taub wie Ailsie=craig,
    Ha, ha, die Freierei!
Duncan seufzt: „mein Herzenskind!"
Weint sich fast die Augen blind,
Sprach vom Tod, — doch in den Wind,
    Ha, ha, die Freierei!

Glück und Zeit ist Ebb' und Flut,
    Ha, ha, die Freierei!
Heiß verschmähter Liebe Glut,
    Ha, ha, die Freierei!
„Soll ich," an er endlich fing,
„Sterben wie ein Dümmerling?
Nein, wenn sie nach Frankreich ging!"
    Ha, ha, die Freierei!

Sag ein Doctor mir den Grund,
    Ha, ha, die Freierei!
Meg ward krank, wie er gesund,
    Ha, ha, die Freierei!
Fühlt ihr Herzchen so beengt,
Tief hervor ein Seufzer drängt,
Und im Aug ein Perlchen hängt,
    Ha, ha, die Freierei!

Duncan hat ein Herze ja,
    Ha, ha, die Freierei!
Magie's Leiden ging ihm nah,
    Ha, ha, die Freierei!
Duncan wollt' ihr Tod nicht seyn,
Mitleid stellte da sich ein,
Nun sind sie ein Pärchen fein,
    Ha, ha, die Freierei;

31.

Von allen Winden, die da wehn,
Hab' ich den Westwind gern,
Weil dort wohnt mein süß Liebchen schön,
Mein Liebchen mir so fern.

Manch wilder Wald, manch Wasser kalt,
Uns trennen Berg und Thal.
Doch Tag und Nacht zieht mich's mit Macht,
Zu ihr in süßer Qual.

Sie seh' ich in des Blümleins Thau,
Ich seh' sie hold und schön,
Sie hör' ich singen in Feld und Au,
Ich hör' ihren Zauber wehn.

Und jed' süß Blümlein, das da dringt
Aus Quell, Busch, Gras und Grün,
Und jed' lieb Vöglein, das da singt,
Führt mich zu meiner Jean.

Weh', süßer West, weh' sanft und leis,
Gewiegt in Laub und Zweig,
Mit Balsamhauch durch Busch und Strauch,
Bring heim die Blümlein reich.

Und mir bring meinen Schatz zurück,
So lieb und hold, nur ihn!
Jed' Leid scheucht mir ein Blick von ihr, —
Ein Blick von meiner Jean.

Manch theurer Schwur in Hain und Flur
Einst unsre Herzen band.
Wie süß sich sehn! wie bitter gehn!
Die Nacht, da sie mir schwand!

Der Vater droben weiß allein,
Zum Zeugen ruf' ich ihn,
Daß keine hier so theuer mir,
Als meine süße Jean.

Die moofigen Berge, hoch oben befchneit,
Die hegen und wiegen am Bufen den Clyde,
Wo der Moorhahn die Kette wohl führt durch das Moor,
Und der Hirt feiner Heerde wohl pfeift auf dem Rohr.

Nicht Gowries Gefild, noch Forbs fonniger Strand
Ift dem Herzen fo lieb, als dies moorige Land,
Denn dort an dem Strom, an dem einfamen Raum
Da wohnt ein füß Kind, das mein Wachen und Traum.

Durch Schlünde und Gründe geht zu ihr mein Pfad,
Wo fchäumend der Strom drängt durch's enge Geftad,
Denn dort fchweif' ich taglang, mein Kind an der Seit',
Es fliehen die Stunden, der Liebe geweiht.

Die Schönheit, wer reicht nicht der Schönheit den Kranz?
Ihr Sieg ift Erröthen, Thauperlen und Glanz.
Spitzt Witz denn und Laune die Pfeile von Erz,
So blenden den Blick fie und dringen in's Herz.

Doch Güte, wenn Güte die Aeuglein ihr malt,
Ihr Glanz wohl den Demant an Glanz überftrahlt.
Umfchlingt mich gar liebend ihr Aermchen, o feht!
Dies, dies ift ein Zauber, dem nichts widerfteht!

Süß sinkt die Sonn' am Cratziewald,
Hold steigt sie auf am Morgen;
Der Lenz, dem Jubel rings erschallt,
Bringt mir nur Gram und Sorgen.

Ich seh' den Flor, des Waldes Nacht,
Ich hör' die Böglein singen;
Wie kann der Freude süße Macht
In wunde Herzen dringen?

Wem klag' ich meinen herben Schmerz,
Der nagt an meiner Seele;
Geheime Liebe bricht mein Herz,
Wenn ich sie länger hehle?

Neigt sich mir nicht dein starrer Sinn,
Wird andern gar zu eigen,
So wird das Laub dort, nun so grün,
An meinem Grabe bleichen.

Das Glück, das deine Holde,
Die Falsche dir kann geben,
Es gleicht dem Feengolde,
Getäuscht gehst du durch's Leben!

Der Wellen wechselnd Walten,
Der Winde leicht Getreibe,
Der Wolken Truggestalten,
Sie sind ein Bild vom Weibe!

Hätt' eine Höhl' ich am Strand fern und wild,
Wo der Wind heult, wo die Woge laut brüllt,
  Dort, mein Herz, weintest du,
    Suchtest verlorne Ruh,
      Gram schlöß' die Augen zu,
Ewig gestillt.

Falschestes Weib, o sag an mir, wo sind
Alle die Schwüre dein, leicht wie der Wind?
  Eile zum Buhlen dein!
    Magst dich des Meineids freu'n!
      Dann blick' in's Herz hinein,
Ob Ruh' es find't!

Wo ist die Freude, die sonst mich am Morgen
Umtanzt bei der Lerche Gesang?
Wo ist der Friede, der sonst mich begleitet,
Am Abend das Waldthal entlang?

Nimmermehr folg ich des Stromes Gebreiten,
Und seh nicht die Blümlein am Strand,
Nimmer den leichten Fußspitzen der Freuden,
Nur Kummer und Leiden ich fand.

Floh schon des Sommers holdseliges Kosen?
Kehrt grimmer Winter so nackt und so bar?
Nein, nein die Bienen umsummen die Rosen,
Und künden die Freuden dem Jahr.

Gern berg' ich mir, was ich scheue zu sagen,
Doch lang, lang, tief fühlt' ich die Pein.
Wer mir die Schmerzen im Herzen erregte,
Ist Jenny, süß Jenny allein.

Zufrieden mit wenig, bescheiden mit mehr,
Wenn je sich die Sorgen mir lagern umher,
Ich jage sie fort, wenn sie schleichen entlang,
Mit 'nem Becher gut Bier und alt schottischem Sang.

Wohl kratz' ich den Elbogen, wenn sie mir naht,
Doch das Leben ist Kampf und der Mann ein Soldat;
Mein fröhlicher Muth ist mein einziges Geld,
Und Freiheit, mein Gut, nimmt kein Herr mir der Welt.

Ein Jahr unter Sorgen, wär das selbst mein Fall,
Ein Tag unter Freunden verschlingt sie mir all.
Wo fröhlich das Ziel unsrer Reise uns lacht,
Wer denkt da des Weges noch, den er gemacht?

Durchhinke denn blind auch das Glück seinen Weg,
Sey's zu mir, sey's von mir, sey's grad oder schräg,
Bring Ruh' oder Mühe, bring Freud' oder Leid:
Mein Wort heißt Willkommen, und immer wie heut.

Nein, edle Damen, noch so schön,
Nicht eurem Preis mein Lied ertön':
Geburt und Titel eitel sind;
Ich lobe mir mein Hochland=Kind.
    Dort in der Büsche Schatten, o!
    Dort auf den grünen Matten, o!
    Mein Herz mir glüht,
    Ich sing mein Lied,
Mein Lied von meinem Hochland=Kind.

O wären Berg und Thäler mein,
Das Schloß dort und der Gartenhain!
Die Welt sollt sehn, wie treulich minnt
Mein Herz mein herzig Hochland=Kind.
    Dort in der Büsche Schatten, o!
    Dort auf den grünen Matten, o!
    Mein Herz mir glüht,
    Ich sing mein Lied,
Mein Lied, von meinem Hochland=Kind.

Doch reißt des Schicksals grimme Wuth
Mein Schiff auch durch empörte Fluth;
So lang mein Purpurstrom noch rinnt,
Lieb ich mein herzig Hochland=Kind.
    Dort in der Büsche Schatten, o!
    Dort auf den grünen Matten, o!
    Mein Herz mir glüht,
    Ich sing mein Lied,
Mein Lied, von meinem Hochland=Kind.

Durchirr' ich Länder noch so fern,
Stets bleibt dein Herz mein treuer Stern,
Wie meines glüht, dir treu gesinnt,
Mein treues liebes Hochland=Kind.
    Dort in der Büsche Schatten, o!
    Dort auf den grünen Matten, o!
    Mein Herz mir glüht,
    Ich sing mein Lied,
Mein Lied, von meinem Hochland=Kind.

Für sie ist mir kein Weg zu weit,
Für sie mein Herz den Sturm nicht scheut,
Daß Indiens Reichthum einst mir wind'
Den Kranz für mein lieb Hochland=Kind.
    Dort in der Büsche Schatten, o!
    Dort auf den grünen Matten, o!
    Mein Herz mir glüht,
    Ich sing mein Lied,
Mein Lied, von meinem Hochland=Kind.

Sie hat mein Herz, hat meine Hand,
An sie knüpft mich ein heilig Band!
Und naht der Tod, er treu mich find'
Dir, meinem herz'gen Hochland=Kind!
    Dort an der Büsche Schatten, o!
    Dort auf den grünen Matten, o!
    Mein Herz mir glüht,
    Ich sing mein Lied,
Mein Lied, von meinem Hochland=Kind.

Grün sind die Auen, o!
Grün sind die Auen, o!
Die schönsten Stunden in der Welt
Sind Stunden doch bei Frauen, o!

Mit Sorgen jeder Tag fing' an,
Nur Leiden wär zu schauen, o!
Was für ein Leben lebte man,
Gäb's nicht die holden Frauen, o!

Grün sind die Auen, o!
Grün sind die Auen, o!
Die schönsten Stunden in der Welt
Sind Stunden doch bei Frauen, o!

So sehr die Welt auch rennt nach Geld,
Nie hält sein falscher Schimmer, o!
Und wer's auch fest hält und nicht laßt,
Sein Herz erfreut es nimmer, o!

Grün sind die Auen, o!
Grün sind die Auen, o!
Die schönsten Stunden in der Welt,
Sind Stunden doch bei Frauen, o!

Gebt ein süß Abendstündchen mir,
Mein Schätzchen mir am Herzen, o!
Und allen Schätzen gern dafür
Entsag' ich ohne Schmerzen, o!

Grün sind die Auen, o!
Grün sind die Auen, o!
Die schönsten Stunden in der Welt
Sind Stunden doch bei Frauen, o!

Ein Esel, der die Nase rümpft,
Und höhnisch zieht die Brauen, o!
Der, den am klügsten hält die Welt,
Am meisten liebt die Frauen, o!

Grün sind die Auen, o!
Grün sind die Auen, o!
Die schönsten Stunden in der Welt
Sind Stunden doch bei Frauen, o!

Schwur doch selbst Zeus, der Schöpfung Preis
In ihnen wär' zu schauen, o!
Der Lehrling sann, und schuf den Mann, —
Der Meister dann die Frauen, o!

Da war 'ne Maid, die Maid hieß Meg,
Die ging einst über's Meer und spann;
Da war ein Jung, der folgt ihr keck,
Der Jung hieß Duncan Davison.
Und Duncan fleht, doch Meg war spröd,
Und Duncan nichts bei ihr gewann;
Denn sie den Rocken braucht als Stock,
Wenn er zu nah ihr kam heran.

Wo sich verlor ihr Pfad im Moor,
Da war ein Quell auf grüner Haid,
Und als sie nun am Rande ruhn,
Stellt sie ihr Spinnrad zwischen beid':
Doch Duncan einen Eid ihr that,
Daß Meg zur Braut er morgen mach';
Da faßte Meg ihr Spinnerad,
Und hei! da flog es übern Bach!

Ich nahm, ach nahm ein böses Weib
In des Novembers Mitte;
Die macht mir Leben leid und Leib
Mit einem argen Gliede.
Lang trug ich, ach, das schwere Joch,
Den Gram so reich gespendet,
Zum Trost mir sey's gesagt jedoch,
All das ist nun geendet.

Voll zwanzig Jahre lebten wir
Im festen Ehebande,
Als sie ihr Steuer weg von mir,
Ich weiß nicht wohin, wandte.
Ich wollt', ich schwör', ich wüßt', wo's wär;
Und sag's, ihr könnt mir trauen,
Vor allen Frau'n, möcht' ich, auf Ehr,
Nicht fall'n in ihre Klauen.

Ihr Leib, der ruht an sichrer Stell',
In ihrem festen Haus sie,
Die Seel, die ist nicht in der Höll,
Der Teufel hielt nicht aus sie.
Sie ist im Himmel, und ihr Grimm
Hilft eben donnern droben; —
Mir däucht, da hört' ich ihre Stimm'
Auf mich herunter toben.

O, wo haſt du her den Hafermehlkuchen?
O, thörigter Blinder, willſt wiſſen, ſo ſieh
Vom ſchmucken Soldatenjung, magſt ihn nur ſuchen
Zwiſchen Sankt Johnſton und zwiſchen Dundee.
O, daß ich ſähe den herzigen Jungen!
Oft hat gewiegt auf dem Knie er mich hier.
O Himmel, o ſchütz' meinen ſchottiſchen Jungen,
Und ſende ihn heim ſeinem Herzchen und mir.

Mein Segen mög ruhn auf den Lippen, den ſüßen,
Mein Segen ruh' auf den Blauäugelein dir,
Lachſt an du mich, glaub' ich, ich ſeh' ihn mich grüßen,
Lieber und lieber ach wirſt du nur mir!
Ich baue ein Hüttchen am ſonnigen Strand mir,
Dort, wo der Tay klar vorüber uns rinnt,
Und mache ein ſtattliches Tartangewand dir,
Und zieh dich zum Mann wie dein Vater, mein Kind.

Ich will dich küssen,
Und küssen wieder schon;
Ich will dich küssen,
Mein herzig Peggy Alison!

All Qual und Leid an deiner Seit',
Ich kann sie froh verlachen, o!
Den Königssohn, den kann sein Thron
Nicht froh, wie ich bin, machen, o!

Ruht mir im Arm, so lieb, so warm
Mein wonnig herzig Schätzchen, o;
Mein Herz dann spricht: „ich tausche nicht
Den Himmel für dies Plätzchen, o!"

Bei deinem Aug, so lieb, so blau,
Ich bleibe dein auf immer,
Ich siegl' es auf dein Mündchen, schau,
Und brechen werd' ich's nimmer.

Ich will dich küssen,
Und küssen wieder schon;
Ich will dich küssen,
Mein herzig Peggy Alison!

Am Cheßnockstrand lebt eine Maid,
Könnt' ihren Reiz ich stellen dar,
Und ihrer Mienen Lieblichkeit,
Und ihr lieb leuchtend Augenpaar!

Hold wie des Morgens Dämmerschein,
Wenn er die Sonne wird gewahr,
Im Grase glänzen Thautröpflein,
Und leuchtend glänzt ihr Augenpaar.

Der Esche gleich an Waldessaum,
Dort in der Schlüsselblumen Schaar,
Die hoch ragt über Busch und Baum,
Und leuchtend glänzt ihr Augenpaar.

Rein wie der Hagdorn auf der Au,
Im Laub so grün die Blüth so klar,
Die erst erwacht im Morgenthau,
Und leuchtend glänzt ihr Augenpaar.

Wie schwarz das Thal umwölkt die Nacht,
Umlockt den Hals ihr dunkles Haar,
Und deckt die frische Blüthenpracht,
Gleich Sternen glänzt ihr Augenpaar.

Ihr Blick   so hüpft ein spielend Lamm
In Blumen, die der Mai gebar,
Wenn blöckend nah die Mutter kam,
Und leuchtend glänzt ihr Augenpaar.

Die Stirn gleich Iris Bogen hold,
Wenn Sonne strahlt, wo Nacht erst war,
Und fern am Berghang glüht ihr Gold;
Und leuchtend glänzt ihr Augenpaar.

Ihr Stimmchen klingt der Drossel gleich
Am Cheßnockstrand, man nimmt nicht wahr
Sie tief im Nest im dunkeln Zweig,
Und leuchtend glänzt ihr Augenpaar.

Ihr Mund — wie reif die Kirsche prangt,
Im Schuße vor des Nord Gefahr,
Wo Auge sehnt und Mund verlangt,
Und leuchtend glänzt ihr Augenpaar.

Die Zähne gleich der Heerde weiß,
Die neu gebadet, hell und klar,
Am Berghang bleicht die Sonne heiß,
Und leuchtend glänzt ihr Augenpaar.

Ihr Athem Lenzesdüfte haucht,
Und Blüthen weckt im jungen Jahr,
Wenn in das Meer die Sonne taucht,
Und leuchtend glänzt ihr Augenpaar.

Doch nicht Gesicht ist's, nicht Gestalt,
Ziert's auch der Schönheit Weihaltar.
Die Seel' ist's, die aus allem strahlt!
Vor allem aus dem Augenpaar!

Von dir, mein Lieb, ich scheiden muß,
Wie ist mein Herz so schwer!
Uns trennt nach grimmem Schicksalsschluß
Das öde, weite Meer.
Das weite Meer, das brausend wild,
Wogt zwischen dir und mir,
Trennt von der Seele nicht dein Bild,
Und nicht mein Herz von dir.

Leb wohl, leb wohl, mein Lieb so hold!
Wie ist die Trennung schwer!
Dumpf mir der Ahnung Stimme rollt,
Wir sehen uns nicht mehr!
Mein Herz mit seinem letzten Schlag,
Wenn schon der Tod vor mir,
Mein letzter Herzschlag sehnt dir nach
Und drängt nach dir, nach dir!

Herzig Mädel, willst du gehn,
Willst du gehn, willst du gehn,
Herzig Mädel, willst du gehn
Zur Birk von Aberfeldy?

Der Sommer glänzt auf blum'ger Haid,
Thauperlen der Crystallbach streut;
Laßt ziehn uns hin in Lust und Freud
Zur Birk von Aberfeldy.
    Herzig Mädel u. s. w.

Das kleine Vöglein lustig singt,
Wenn ihm die grüne Hasel winkt,
Und leicht beflügelt auf sich's schwingt
Zur Birk von Aberfeldy.
    Herzig Mädel u. s. w.

Hoch von des Abhangs Felsenwall
Tiefdonnernd stürzt der Wasserfall,
Daß zitternd bebt vom Wiederhall
Die Birk von Aberfeldy.
    Herzig Mädel u. s. w.

Von Felsenhaupt im Blumenkranz
Weiß schäumend stürzt der Wellentanz,
Und übersprüht mit Nebelglanz
Die Birk von Aberfeldy.
    Herzig Mädel u. s. w.

Raubt mir das Glück auch jede Zier,
Nicht einen Wunsch erpreßt es mir;
Denn hochbeglückt geh' ich mit dir
Zur Birk von Aberfeldy.

Herzig Mädel, willst du gehn,
Willst du geh'n, willst du gehn,
Herzig Mädel, willst du gehn
Zur Birk von Aberfeldy?

Der Rose deine Wange gleicht,
Mein einzig Herz! du Süße, o!
Dein Hals dem Silberthau so leicht
Am Strand auf grüner Wiese, o!
Die Zähne gleich dem Elfenbein,
O süß der Augen heller Schein,
Jed Glück lacht mir von dir allein,
Mein einzig Herz! du Süße, o!

Im Dornbusch singt das Vögelein
Sein Lied voll Lust und Wonnen
Im lieben holden Morgenschein,
Kein Gram hält es umsponnen.
Du weißt nichts, kleiner Sänger du,
Von Sorge, die mir raubt die Ruh,
Von Gram, der mir das Herz schnürt zu,
Und raubt mir Freud' und Wonnen.

Ein heißer Wunsch macht mehr mir Pein,
Als alle Noth und Schmerzen:
Ich wollt du wärst auf ewig mein,
Kämst nie von meinem Herzen.
Dann fühlte wohl den ganzen Tag
Ich nimmer Sorge, nimmer Plag,
Bis still mir stünd des Herzens Schlag,
Du Herz, von meinem Herzen.

Die schwarze Nacht bricht schnell herein,
Laut tobt der Sturm in Blitzes Schein,
Und dunkle Wolken regenschwer
Stehn drohend auf dem Thal umher.
Der Pilgersmann verläßt das Moor,
Das scheue Wild kommt keck hervor,
Indeß ich wandle kummerschwer
Allein am stillen Strand des Ayr.

Der Herbst klagt, daß sein schwellend Korn
Entriß des frühen Winters Zorn,
Sein stilles, tiefes Himmelblau
Umdrängt ein dräuend Wolkengrau.
Ich seh's, und es gerinnt mein Blut,
Denk' ich des Meers empörter Flut,
Wo rings der Tod grinst um mich her,
Weit, weit vom lieben Strand des Ayr.

Mich schreckt kein Wellengrabesmund
Und keiner Brandung Todesschlund;
Ob rings mir auch Verderben dräut,
Der Elende den Tod nicht scheut.
Doch in des Herzens tiefstem Grund,
Dem Herzen, tief von Schmerzen wund,
Zerreißt manch Band, das schmerzt so sehr,
Scheid ich vom lieben Strand des Ayr.

Fahrt wohl, alt Coylas Berg und Thal,
Du dunkles Moor im matten Strahl,
Du Stelle, die mein Herz umgiebt,
Bei denen weilend, die es liebt!
Lebt, Freunde, wohl, der Feind zugleich,
Friede mit dir, mein Herz mit euch!
Die Thräne quillt, mein Herz ist schwer:
Fahr wohl du süßer Strand des Ayr!

Mit seinen Gedichten, als er das Land verlassen wollte.

Einst heiß geliebt, dem Herzen immer neu,
Der süßen ersten Liebe holdes Licht,
Nimm dies als Pfand der Freundschaft warm und treu,
Freundschaft! — Mehr nicht erlaubt die kalte Pflicht.
Und liesest du sein schlicht, wahr, kunstlos Lied,
Gönn' einen Seufzer ihm, er will nicht mehr,
Wenn fern er lechzt, wo heiß der Himmel glüht,
Wenn tief er liegt im sturmbewegten Meer.

War einst 'ne Maid, 'ne holde Maid,
Wenn sie in Kirch' und Markt erschien,
War von den schönsten weit und breit
Die schönste Maid, die holde Jean.

In Feld und Wald, beim Werk erschallt
Ihr Lied mit lust'ger Melodie;
Das frohste Vöglein in dem Wald,
Es hat kein leichter Herz als sie.

Doch ach der Habicht stört die Lust
Dem kleinen Hänfling in dem Nest;
Die schönsten Blumen knickt der Frost,
Die Liebe Herzen noch so fest.

Jung Robin war der schmuckste Jung,
Stolz blickt das ganze Thal auf den,
Der hatte Schaaf und Küh genung,
Und schmucke Pferdchen, neun bis zehn.

Mit Jenny ging er auf die Lust,
Mit Jenny tanzt er auf dem Plan,
Und lang', eh's arglos Jenny wußt,
War's um ihr armes Herz gethan.

So klar als je des Mondes Strahl
Tief aus des Stromes Busen schien,
Erzittert nun die süße Qual,
Tief in der Brust der holden Jean.

Nun sie der Mutter Arbeit quält,
Und trüb sie seufzt und stöhnt dazu,
Und wußte gar nicht was ihr fehlt,
Und wie sie wiederfänd die Ruh.

Doch hüpfte nicht ihr Herz vor Lust,
War nicht vor Wonn' ihr Aug erhellt,
Als Robin lehnte Brust an Brust,
Am Abend ihr im Lilienfeld?

Die Sonne da im Westen sank,
Die Vöglein sangen süß umher,
Als zart er lehnte Wang an Wang
Und so begann die Liebesmähr':

„Hör Jenny, hör', ich lieb dich sehr!
O könntest du wohl gut mir seyn?
Verlaß die Mutter, komm zu mir,
Und Alles, was ich hab', ist dein.

Dein reizend Füßchen sollst du nie
In Stall und Scheune setzen hier,
Mit mir durch blühnde Haide zieh
Und durch das Korngewog mit mir."

Was konnt die schlichte Jenny thun?
Sie hat nicht 's Herz zu sagen nein;
Ein Ja sie süß erröthet nun,
Da ward ein einzig Herz aus zwein.

Verflucht das Herz, das schloß den Schluß,
Verflucht die Hand, die schoß den Schuß,
Ans Herz mir Helen sinken muß
    Und sterben ach für mich!

O Jammer ach! mein Herze brach,
Als hin sie sank, und nimmer sprach.
Da legt' ich hin mit bitt'rer Klag'
    Auf schön Kirkconnel dich.

Ich legt' sie hin, — wir griffen beid
Zum Schwert, und grimmig war der Streit;
Ich streckt' ihn auf die Kirtlehaid,
    Für sie, die starb für mich.

Ein Rosenknöspchen jung und zart,
Ich auf 'nem frühen Gang gewahrt,
Gar süß sich's neigt, vom Dorn verwahrt,
   Im Thau am frühen Morgen.

Eh zweimal Nacht das Licht uns raubt,
Im Purpurglanz und grün umlaubt,
Zum sinken schwer sein thauig Haupt,
   Streut Düfte früh am Morgen.

Vom dunkeln Dornenbusch beschützt,
Ein Hänfling still im Nestchen sitzt,
Vom Silberthau die Brust ihm blitzt,
   Am frühen frischen Morgen.

Bald sieht er, wie die kleine Brut,
Der Stolz, die Lust des Waldes, ruht
Froh in des grünen Laubes Hut,
   Und weckt mit Sang den Morgen.

So du, süß Vöglein, Jenny hold,
Mit deinem Stimmchen, rein wie Gold,
Die Liebe zart vergelten sollt,
   Die dich gepflegt am Morgen.

So Rosenknöspchen, jung und schön,
Mögst du des Tages Reiz erhöhn,
Mit Glück der Eltern Abend krön,
   Die warten deinen Morgen.

Wie bang ruht, wenn du fern, die Nacht
Auf schwerem Augenliede!
Vom Abend bis zum Morgen wacht
Ich, wär' ich noch so müde.

O, denk' ich jener holden Zeit,
Die neben dir mir blühte,
Ach nun, getrennt von dir so weit,
Mein Herz nie fühlet Friede!

Wie träg ihr schweren Stunden schleicht,
Als wärt ihr mürb' und müde!
Wie hüpftet weg ihr flink und leicht,
Als Herz an Herz mir glühte!

Himmelsbote, Strahl der Sterne,
Der ob schöner Unschuld wacht,
Wenn ich irr' in weiter Ferne,
Schütz Maria deine Macht.

Hold voll Huld und ohne Fehle,
Hold und rein und klar wie du,
Auf Marias reiner Seele
Mit dem hellsten Scheine ruh.

Laue Lüfte, mild ihr lächelt,
Leise weht ihr Kühlung zu;
Linder Hauch, der sie umfächelt,
Wiege sanft ihr Herz in Ruh.

Und ein Engel auf sie blicke,
Wenn ich irr' am fernen Strand;
Fern von ihr verbannt vom Glücke,
Sey ihr Herz mein Heimathland.

——— ———

Halloween.

Die Nacht sich neigt,
Wo Feen leicht
Umtanzen Cassilis Schloß,
Dann durch das Thal,
In hellem Strahl,
Reiten auf stolzem Roß,
Und nach Colean,
In Zügen ziehn,
Im bleichen Mondenschein.
Rasch geht die Flucht,
Durch Bucht und Schlucht,
Und über Strom und Stein
    Zum Fest der Nacht.

Wo oft gewandt
Durch seinen Strand
Der Doon hell rauscht daher,
Einst Bruce, der Held,
Die Schaaren stellt,
Und schwang den Carrickspeer,
Kam froh und frei
Das Volk herbei
Und frisch ans Werk sich macht,
Brennt Nüsse wohl,
Reißt aus den Kohl,
Und hält die heil'ge Nacht,
    Voll Lust die Nacht.

Die Mägdlein
Gar nett und fein,
Gar frisches junges Blut;
Ein schmuck Gesicht,
Wie Tageslicht,
Herz gut und leichter Muth;
Der Burschen Straus
Sieht festlich aus
Am Knie, — die Dirn zu kirrn
Und Mancher steht
So scheu und blöd,
Wenn heimlich girrt die Dirn,
    Wenn's bald wird Nacht.

Vor allen Dingen wird im Kohl
Die Strunkschau wohl berathen;
Sie prüfen scharf, und wählen wohl
Die starken und die graden.
Der arme simple Will trat aus,
Nachdem er sich geplagt genung,
Zog er ein krüpplich Ding heraus,
Gar krumm und schmächtig war der Strunk.
    So sank die Nacht.

Dann grad, krumm mit und ohne Grund
Mit Jauchzen wird empfangen;
Mit ihrem Strunk da in der Rund
Die Kleinste kommt gegangen;
Ob süß ob saur er ihr bescheert,
Sein Mark muß jede schmecken,
Und sorglich ihren Kohlstrunk werth
An ihre Hausthür stecken
    Für diese Nacht.

Jed Mädel stahl aus ihrer Zahl
Sich eine Aehr im Korn.
Rab schlüpft hinaus zum Hinterhaus,
Versteckt sich hinterm Dorn,
Und faßte Nelly stark und fest;
Die Dirnen schreiend flohn.
Doch hin ging in der Scheun das Best
An ihrer Aehr die Kron
     Bei ihm die Nacht.

Von einem Haufen Nüsse groß
Sich Jeder eine nimmt,
Und manches Burschen und Mädels Loos
Ward da die Nacht bestimmt:
Die einen glühten Seit an Seit,
Verglühten still zusammen;
Die andern fuhren auf, und weit
Sie platzten aus den Flammen
     Hoch auf die Nacht.

Jean legt zwei Nüsse still für sich,
Für wen, das sagt sie nicht;
Doch: „die ist John und die bin ich,“
Sie leis’ im Herzen spricht:
John anglüht Jean, Jean anglüht ihn,
Als trennten nie sich beid;
Puff! Auf da platzt er im Camin!
Ach Jean! welch Herzeleid,
     Zu sehn die Nacht!

Arm Willie, mit der Kohlkopfwurz,
Brennt mit der spröden Mallie,
Die meint, die Wurz, so schmächtig kurz,
Säh grad so aus wie Willie:

Und Mallies Nuß mit Hohngeplaß
Sprang glühnd im eignen Fette;
Und Willie schrie: „Fahr' hin mein Schaß!
Das noch gefehlt mir hätte,
    Zu seh'n die Nacht!"

Nell legte, denkend an die Scheun,
In's Feu'r sich und Robin;
Im hellsten Liebesflammenschein
Zu Asche beide glühn:
Nells Herzchen tanzte, da sie's sah,
„Rob," rief sie, „sieh nur sieh!"
Rob zog sie in ein Eckchen da,
Und küßte sie — und wie!
    In stiller Nacht.

Merran, versteckt an ihrem Plaß,
Dacht' an Andreas Bell;
Ließ sie bei ihrem Rausch und Schwaß,
Und schlich sich von der Stell';
Und über'n Hof sie stahl sich leis',
Daß es nicht würd' verrathen, —
Da macht sie Jagd auf Fledermäus',
Und senkt den blauen Faden,
    Voll Angst die Nacht.

Da haspelte, da schwißte sie, —
Sie machte keinen Spaß, —
Da hielt im Topf was fest, da schrie
Sie, Himmel! was ist das! —
Ob nun der Böse war zur Stell,
Ob nur 'ne Fledermaus,
Oder ob's vielleicht war Andres Bell,
Ihm Red zu stehn, zu graus
    War's ihr die Nacht.

Klein Jenny da die Base fragt:
„Willst mit mir kommen, Base?
Ohm Johnis Apfel eß heut Nacht
Ich vor dem Spiegelglase."
Die Bas' pafft ihre Pfeif im Zorn,
Daß Dampf die Wuth ihr kürze,
Und sah nicht, daß ein Funke vorn
Die schmucke neue Schürze
    Verbrannt die Nacht.

Du kleiner, loser, leichter Schatz!
Das sind mir saubre Sachen!
Rufst du den Bösen auf den Platz,
Den Wahrsager zu machen?
Na wart nur, sieh nur nicht so keck!
Ihm lieber das nicht ansinn!
Schon Manche kriegt 'nen Todesschreck,
Und lebt und starb im Wahnsinn
    In solcher Nacht.

Es war im Herbst vor Sherramoor, —
Wie gestern ist's mir klar,
Ich war ein junges Mädel nur,
War kaum da funfzehn Jahr:
Der Sommer war just kalt und naß,
Und Alles war noch grün,
Als wir zum lust'gen Kirmeßspaß,
Auf Aller=Heilgen ziehn,
    Der fiel die Nacht.

Und Rab Mac=Graen den Zug fing an,
Ein wackerer Geselle,
Der's Eppie Sim hat angethan
In Achmacall: — er schnelle

Rahm Hanssam, — wohl entsinn' ich mich,
Er der voranging keck,
Blieb manchen Tag allein für sich;
So mächtig war sein Schreck
    In dieser Nacht.

Der tolle Raufbold Jamie Fleck,
Der schwur bei seiner Ehr,
Sä'n wollt' er Hanssam ganze Säck,
Weil's lauter Unsinn wär:
Der Alte griff in seinen Sack,
Und holt 'ne Handvoll Samen,
Und sprach: „da geh, versuch den Schnack,
Und sä' in Beelzbubs Namen
    Allein die Nacht!"

Mit langem Schritt den Zaum entlang,
Es war ihm nicht geheuer, —
Die Hark als Rechen schleift er bang,
Und zittert ungeheuer.
Und flüstert leis' an manchem Platz:
„Hanssam ich sä' dich,
Und du, die werden soll mein Schatz,
Komm, zeig mir in der Näh dich,
    Alsbald die Nacht."

Lord Lenox Marsch da pfeift er sich,
Daß der hielt wach den Muth ihm,
Obgleich sein Haar aufsträubte sich,
Und fast erstarrt das Blut ihm,
Da hört er einen furchtbarn Ton,
Und dann ein gräßlich Grunzen;
Nun sieht er sich im Nacken schon
Ein Ungeheuers grinsen
    t.

Er brüllt ein Zeter Mordio!
Aus Angst beklemmter Kehle,
Daß Alt und Jung zusammenfloh,
Zu sehen, was ihm fehle:
Er schwur, es wär' lahm Jean Mac Craw,
Vielleicht schief Marran Humphie,
Und halt! sie ging durch alle da!
Und wer war's sonst, als Grumphie,
    Noch draus die Nacht.

Meg schlich sich gern allein zur Scheun,
Und würf' drei Worfeln gar nichts,
Den Teufel nur zu seh'n allein,
Doch hielt sie dran für wahr nichts.
Dem Hirten sie drei Nüsse reicht
Und zwei rothbackige Aepfel,
Der wacht, indeß zur Scheun sie schleicht,
Und hofft zu sehn Tam Kdpfel
    Noch diese Nacht.

Sie dreht den Schlüssel leise dann,
Betritt beherzt die Schwelle;
Doch erst den Samie ruft sie an,
Und ein dann geht sie schnelle:
Die Ratte raschelt an der Wand,
Da schrie sie: „Herr sey bei uns!"
Durch alle Pfützen dann sie rannt',
Und betet: „Herr befrei uns!"
    Voll Angst die Nacht.

Ihr guter Rath trieb Will hinaus,
Zu sehn die Schönst' von Allen;
Dreimal maß er das Bienenhaus,
Mit Holz gestützt vor'm Fallen;

Die knorrige bemooste Eich
Schien ihm 'ne Hexe grimm;
Und als den Spruch er sprach beim Streich,
Stürzt Rind entgegen ihm
    Handvoll die Nacht.

Jung Liesie, eine Wittwe frisch,
Gewandt wie eine Katze,
Die war die Nacht da im Gebüsch
An einem furchtbarn Platze,
Mußt' über Stock und Stein zur Stell
Geh'n übern Berg allein,
Wo dreier Herrn Land schied ein Quell,
Den Ermel tauchen ein
    Vom Hemd die Nacht.

Der Sturzbach bald vom Felsen schäumt,
Bald durch das Thal sich schlingt;
Bald durch den Spalt sich wühlt und bäumt,
Bald in dem Schlucht versinkt;
Bald schillern in des Mondes Strahl
Auftanzend munter Perlen,
Bald wogend leis' im stillen Thal,
Versinkt er unter Erlen
    In tiefe Nacht.

Von Berghang aus dem Farrenkraut,
Vom Mond her, auf sie zu,
Ein Teufels= oder Stierkopf schaut,
Und brüllt ein gräßlich Mu;
Arm Liesies Herz sprengt fast den Rumpf,
Als sie's so graus anbrummte,
Da trat sie fehl, und in den Sumpf
Bis an den Leib sie plumpte
    inein die Na t.

In Ordnung auf den Herd bereit
Stellt sie drei Teller leise,
Und sie dann um von Zeit zu Zeit,
Nach hergebrachter Weise:
Als Ohm Johann, in Herzensqual,
Seit Marsjahr schon ein Freier,
Weil er den leeren traf dreimal,
Warf alles in das Feuer
    In Wuth die Nacht.

Bei Sang und Klang und lust'gem Schwank
Tischt jeder unermüdlich
Manch grause Mähr und Witze quer
Da auf nun leicht und friedlich;
Und Butterkuchen, ganz nach Wunsch,
Das Wasser lockt zum Munde,
Und bei dem Schmaus ein gut Glas Punsch
Beschließt die laute Runde
    Voll Lust die Nacht.

J / K

An Bächleins Rand am Sommertag,
Im leichten Sommerkleid,
Im Blumenduft schön Nelly lag
In Schlaf und Lieb die Maid;
Jung Willie durch den Wald da geht,
Der oft um ihre Gunst gefleht,
Er sieht, wird roth,
Er glüht, o Noth!
Und zittert, wie er steht.

Im Auge nun die Pfeile ruhn,
Fest in des Köchers Schooß;
Die Lippen thun sich auf, und nun
Wird roth vom Hauch die Ros'.
Die Lilie blickt, küßt süß gedrückt,
Berauscht vor Lust die Lilienbrust;
Er sieht, wird roth,
Er glüht, o Noth!
Und bebt vor Qual und Lust.

Ihr leichtes Kleid im Wind umschmiegt
Die reizende Gestalt;
Und wie sie liegt, sein Herz besiegt
Der Schönheit Allgewalt.
Der Pulse Glut ihm da nicht ruht,
Bis einen heißen Kuß er stahl.
Er sieht, wird roth,
Er glüht, o Noth!
In heißer Herzensqual.

So wie ein Rebhuhn aus dem Busch
Auffährt, von Furcht beschwingt,
Fährt Melly auf, halb wach, und husch
Sie aufgescheucht entspringt:
Doch Willie rasch ihr nach, und bald
Hat er sie eingeholt im Wald.
Bat, schwur 'nen Eid,
Und ach die Maid,
Die Maid vergab ihm bald.

Der Blüthenmai kommt auf die Flur,
Und Grün bezeichnet seine Spur,
Drum hurtig Gärtner, hurtig nur,
    Du Gärtner mit dem Spaten.

Der Bach ist frei und ungetrübt,
Die lust'gen Vögel all verliebt,
Und Blumenduft dich rings umgibt,
    Du Gärtner mit dem Spaten.

Früh, wenn der Has' mit einem Satz
Aufspringt und nachschleicht seinem Schatz,
Ist auch der Gärtner schon am Platz,
    Der Gärtner mit dem Spaten.

Und wenn der Tag zur Ruh in West
Den dunkeln Vorhang sinken läßt,
Schließt in den Arm sein Liebchen fest
    Der Gärtner mit dem Spaten.

Schenkst du, Kind, dein Herz mir?
Wenn Leid und Schmerz bedrängt dein Herz,
Scheucht mein Trost den Schmerz dir?
Beim Juwel, Kind, meiner Seel,
Lieb, die hegt mein Herz dir!
Schwör dir zu,
Daß einzig du
Stets bewohnt mein Herz hier.

Sag, o Kind, du liebst mich;
Willst du nicht mein eigen seyn,
Sag nicht nein, — betrübst mich.
Aber darfs nicht, kanns nicht seyn,
Daß du mir ergibst dich,
Schnell mög' seyn
Das Ende mein,
Nur im Wahn, du liebst mich.

O spräch ein Lied dir aus mein Leid,
Das dich zum Mitleid triebe,
Ich wollte singen allezeit,
Mary, wie ich dich liebe!
Ach wer sein Herzeleid erlügt,
Laß klagen seine Saiten,
Doch aller Stolz der Kunst erliegt,
Erliegt das Herz den Leiden.

Ein Ach, das sich der Brust entwand,
Des Herzens Drang dir sage;
In Perlen an der Augen Rand
O lese meine Klage!
Denn wohl ich weiß, dein zarter Sinn
Verschmäht jed künstlich Gleißen,
Liebt mehr als Künstlermelodieen
Die herzentquollnen Weisen.

Bald geh ich wieder in die Stadt,
Zum grünen Garten hin alsbald,
Wohin sie mich beschieden hat,
Es harrt die süße Jean am Wald.
Soll's Keiner rathen, Keiner sehn,
Was mich wohl führt zurück so bald,
Als sie, zu der ich hin muß gehn,
Die zieht, als zög mich hin Gewalt.

Nach ihr ich nun zur Eiche geh,
Denn schon die süße Stunde schlug;
Wenn ich sie nur von Weitem seh,
Wie mächtig ist des Herzens Zug.
Bald geh ich wieder in die Stadt,
Zum grünen Garten hin alsbald,
Wohin sie mich beschieden hat,
Es harrt die süße Jean am Wald.

O wißt ihr, wer im Städtchen
Dort wohnt, wo goldne Wolken ziehn?
Dort wohnt das liebste Mädchen,
Das je das Abendroth beschien.
Sie wandelt dort, wohl jetzt im Hain,
Sie wandelt wohl am grünen Strauch;
Wie glücklich müßt' ihr Blümchen seyn,
Euch nun bestrahlt ihr liebes Aug!

Die Sonne lacht dem Städtchen,
Hold glüht nun Ayr im Abendgold,
All meine Lust mein Mädchen,
Mein höchstes Glück ist Liebchen hold.
Wie glücklich seyd ihr Vögelein,
Die ihr mit Liedern sie umsingt!
Willkomm, willkommen ruft dem Mai'n,
Weil auch der Mai die Holde bringt.

O wißt ihr wer im Städtchen
Dort wohnt, wo goldne Wolken ziehn?
Dort wohnt das liebste Mädchen,
Das je das Abendroth beschien.
Wär nicht mein Lieb, ich fänd nicht Lust,
Ich fühlte Leid im Paradies,
Doch ruhte sie mir an der Brust,
So wär mir Grönlands Winter süß.

Dort sank die Sonn' am Städtchen;
O süß ist, die darinnen wohnt,
Ein holder, lieber Mädchen,
Hat nie beschienen Sonn' und Mond.

Die Höhl' uns würd' von Lieb umlaubt,
Zum Lenz des grimmen Winters Wuth,
Daß ihm der Sturm kein Blättchen raubt,
Wie pflegt' ich da mein Blümchen gut!

Die Nacht ruht auf dem Städtchen,
Die Wolke nun den Mond umhüllt,
Verschwunden ist mein Mädchen,
Doch hell strahlt in der Brust ihr Bild.
Verschwänd auch jeder helle Stern,
Vom Glück umnachtet, das mir grollt,
Mag alles, alles missen gern,
Doch schont, o schont mein Liebchen hold.

O wißt ihr, wer im Städtchen,
Dort wohnt wo Silberwolken ziehn?
Dort wohnt das liebste Mädchen,
Das je der holde Mond beschien.
Bis zu des Herzens letztem Schlag,
In Wachen, Traum, in Freud und Schmerz,
Im Herzen ich die Süße trag,
Sie hat das liebste, treuste Herz.

4'.

Hochland-Mary.

Ihr Ströme, Ufer, Thäler, Höhn
Um Schloß Montgomerys Wälle,
Grün' ewig, Hain, blüht, Blumen, schön,
Seyd, Wellen, ewig helle!
Der Lenz zuerst hier blühen soll,
Zuletzt fliehn Wald und Wiese:
Hier sagt' ich dir mein letzt Lebwohl,
Hochland-Mary, du Süße.

Die Birken sproßten froh und grün,
Und hell des Hagdorns Blüthe,
Als unter ihrem holden Blühn
Ihr Herz an meinem glühte.
Auf Engelschwingen uns umwehn
Der Stunden goldne Grüße;
Wie Licht und Leben hold und schön,
Hochland-Mary, du Süße.

Wir schwuren, drückend Brust an Brust,
Mit vielen theuren Eiden,
Uns oft zu sehn in süßer Lust
Bei unserm bittern Scheiden; —
Da knickt des Todes rasche Hand
Mein Blümlein auf der Wiese!
Kalt ist dein Grab nun, grün sein Rand,
Hochland-Mary, du Süße.

O bleich, bleich ist der Lippe Roth,
Die mich so süß beglückte!
Dies helle Aug, ach! schloß der Tod,
Das einst so hold mir blickte!
Sankst du auch in des Grabes Schlund,
Stets fest ich dich umschließe;
Du ruhst in meines Herzens Grund,
Hochland=Mary, du Süße.

Mary im Himmel.

O Stern, der du mit bleichem Strahl
Den Morgen grüßend sterben mußt,
Du führst zurück den Tag der Qual,
Der Mary riß von meiner Brust.
O Mary! Ach so hold, so lieb!
Wo ruhst du nun in Seligkeit?
Siehst du den Freund, der elend blieb?
Hörst du ihn seufzen um sein Leid?

Vergeß ich je die heil'ge Stund,
Vergeß ich je den heil'gen Hain,
Wo einst am Ayr, nach trautem Bund,
Den Tag der Lieb' schloß Trennungspein!
Die Ewigkeit löscht nicht die Lust,
Löscht nicht die Wonn im Herzen mehr;
Als ich dich schloß an meine Brust,
Wer dacht', daß dies die letzte wär?

Der Ayr küßt rauschend seinen Strand,
Von Wald umhangen dicht und grün,
Wo Birk und Hagdorn sich umwand
Und unsre Lust zu theilen schien.
Blümlein am Weg holdselig blühn,
Im Wald hallt Lieb in jedem Zweig,
Zu bald sprach da des Abends Glühn,
Der Tag der Wonne sinke gleich.

Mein Herz dies Bild mir stets erneut,
Hängt ewig treu an dieser Stätt'!
Und tiefer nur gräbts ein die Zeit,
Wie tiefer gräbt der Strom sein Bett.
O Mary, ach! so hold, so lieb!
Wo ruhst du nun in Seligkeit?
Siehst du den Freund, der elend blieb?
Hörst du ihn seufzen um sein Leid?

Klage der Königin Maria von Schottland

beim Beginn des Frühlings.

Nun hängt der Mai den Mantel grün
   Um jeden Blüthenbaum,
Legt Decken von Maaßlieben weiß
   Auf jeden Wiesenraum;
Des Stroms Krystall die Sonne sprengt,
   Des Himmels Blau sie wärmt:
Kein Strahl dringt in mein armes Herz,
   Das sich in Banden härmt.

Nun weckt die Lerche Morgenlust,
   Bethaut sie auf sich schwingt,
Der Amsel Sang in Mittagsruh
   Das Waldthal wiederklingt;
Die Drossel süß mit holdem Lied
   Den müden Tag lullt ein,
Von Lieb und Lust ihr Herz erglüht,
   Weiß nichts von Qual und Pein.

Nun duften Lilien süß am Bach,
   Blühn Primeln hold am See,
Es knospt der Dorn in Feld und Hag,
   Der Schleebusch glänzt wie Schnee;
Der ärmste Hirt lieb Schottlands jagt
   Frei, froh durch Berg und Thal,
Und Schottlands Königin seufzt und klagt
   Allein in Kerkers Qual.

War einst schön Frankreichs Königin,
    Wie war ich da beglückt!
Zu Lust und Freuden stand ich auf,
    Und ging zur Ruh entzückt;
Und bin lieb Schottlands Königin,
    Wo manch ein Bube weilt,
Indeß ich hier gefesselt bin,
    Wo nie mein Kummer heilt.

Doch du, du eitles, falsches Weib,
    Mein Blut, Blutfeindin mir,
Die grimme Rache netzt ein Schwerdt,
    Das bringt durchs Herz einst dir.
Die Thräne zart in Weibes Brust,
    Die hast du nie gefühlt,
Den Balsam nie in Weibesaug,
    Der Herzenswunden kühlt.

Mein Sohn, mein Sohn! ein beßrer Stern
    Auf deine Pfade schein'!
Mehr Glück sey deines Thrones Theil,
    Als jemals wurde mein!
Gott halt der Mutter Feind dir fern,
    Kehr seine Lieb auf dich!
Und wo der Mutter Freund du triffst,
    Gedenke sein um mich.

O bald für mich die Sommersonn'
    Den Morgen nimmer weckt,
Durchs Feld nicht mehr der Herbstwind weht,
    Das gelbes Korn bedeckt;
Mag auch des Todes enges Haus
    Der Winterwind umziehn,
Des nächsten Lenzes Blumen bald
    Au ⸻

Klage über den Tod des Grafen James von Glencairn.

Der Wind braust aus den Bergen kalt,
Trüb sieht der Sonne letzter Strahl
Auf den erblichnen gelben Wald,
Der wogt in Lugars engem Thal:
Ein alter Barde wankt daher,
Dem Zeit und Leid gebeugt sein Haupt,
Den letzten Freund bejammert er,
Den, ach! zu früh der Tod geraubt.

Gelehnt an eine alte Eich',
Von Zeit und Stürmen morsch gebeugt,
Sein Haar von Jahren silberbleich,
Sein grauer Bart von Thränen feucht;
Und zitternd er die Harfe rührt,
Und singt voll Schmerz den Trauersang,
Der Wind zu seiner Höhl ihn führt,
Das Echo hallt ihn wieder bang.

„Vöglein, das einsam klagt sein Leid,
Verlassen von des Lenzes Schaar,
Du Wald, der in die Winde streut
Die Ehren vom ergrauten Jahr,
Nur kurze Zeit, und froh und frei
Macht Ohr und Auge glücklich ihr,
Und Alle Wonne weckt der Mai, —
Doch keine Freude bringt er mir.

Ich bin ein alter, morscher Baum,
Der lang getrotzt des Sturms Gewalt.
Ich steh verwaist im öden Raum,
Auf Erden sank mein letzter Halt.
Kein Laub mir mehr im Lenz ergrün',
Kein Sommer meine Blüthe schwell;
Bald stürzt des Sturmes Wuth mich hin,
Und andre blühn an meiner Stell.

Gar manchen Wechsel sah ich an
Ein Fremdling ward ich meinem Land;
Nun wandr' ich auf der Menschenbahn,
Nicht kennend sie und nicht bekannt:
Gehör ist Hilf und Trost verwehrt,
Ich trag mein schweres Leid allein.
Denn alles ruht in kühler Erd,
Was Mitleid meinem Leid würd' weihn.

Und nun, der Gipfel meiner Qual,
Den edlen Herrn umschließt das Grab,
Die Blum aus unsrer Edlen Zahl,
Des Landes Stolz, des Landes Stab.
Des Lebens müde nun ich wein',
Des Lebens Leben, ach! ist todt;
Mein Hoffen schwand in grimme Pein,
Es schwand in Nacht mein Abendroth.

Wein', Harfe, deinen letzten Ton,
Den trüben Ton von Weh und Leid,
Und ist sein letzter Laut entflohn,
Dann schlafe still in Ewigkeit.

Mein letzter, bester, einz'ger Freund,
Der, ach! zu früh im Grabe ruht,
Die Thräne dir der Barde weint,
Dem du versüßt des Schicksals Wuth.

Rings in der Armuth niederm Thal,
Umnachtet an des Abgrunds Rand,
Sah bang sein Aug umher — kein Strahl
Des Ruhms durch seine Nacht sich wand:
Gleich wie der Morgenglanz durchglüht
Des Thales dichten Nebelflor,
So zog des Sängers ländlich Lied
Ach deine Lieb ans Licht hervor.

Warum hat Werth so kurzen Tag,
Wenn Schurkerei wird grau und alt?
Mußt, Guter, Edler, Großer, ach!
Des Todes Raub du seyn so bald?
Warum muß sehn mit bitterm Schmerz
Ich diesen Tag voll Leid und Gram?
O hätt' der Pfeil durchbohrt mein Herz,
Der meinen liebsten Freund mir nahm!

Der Bräut'gam mag vergessen schon
Die Braut am Tag, der schloß den Bund,
Ein Fürst vergessen Thron und Kron,
Auf seinem Haupt seit einer Stund,
Die Mutter selbst vergessen lern'
Ihr Kind, das lacht auf ihrem Knie:
Doch nie vergeß ich dich, Clencairn,
Und was du mir gethan hast, nie!

CPSIA information can be obtained
at www.ICGtesting.com
Printed in the USA
BVHW05s1959090418
512843BV00029BA/1615/P